MANUEL DE SURVIE

Les auteurs souhaitent remercier tous les experts
qui ont contribué à l'élaboration de ce livre,
ainsi que Jay Schaefer, Laura Lovett, Steve Mockus
et toute l'équipe de Chronicle Books.

Titre original : *The Worst-Case Scenario, Survival Handbook*
Traduit de l'anglais par Danièle Berdou

Illustrations de Brenda Brown

ISBN : 2-258-05439-7
N° d'éditeur : 405

www.horscollection.com

Joshua Piven et David Borgenicht

MANUEL DE SURVIE

HORS COLLECTION
éditions

AVERTISSEMENT

Face à un danger, à une situation désespérée menaçant une vie humaine, il se peut qu'aucun choix efficace ne soit possible. Pour affronter les pires scénarios évoqués dans ce livre, nous recommandons – et ce avec la plus vive insistance – de consulter un expert confirmé : c'est la meilleure marche à suivre. NE TENTEZ PAS DE METTRE VOUS-MÊME EN ŒUVRE LES PRATIQUES DÉCRITES DANS CE LIVRE. Partant du principe que nous avons rarement un professionnel hautement qualifié sous la main au moment où notre sécurité s'avère menacée, nous avons demandé à différents experts de nous exposer les techniques auxquelles ils auraient recours en cas d'urgence. L'éditeur, les auteurs et les experts déclinent toute responsabilité quant aux blessures consécutives à l'usage, bon ou mauvais, qui pourrait être fait des informations contenues dans ce livre. Bien que tous les conseils dispensés dans ce manuel nous aient été prodigués directement par des experts confrontés aux situations décrites, nous n'en garantissons ni l'exhaustivité, ni l'exactitude, ni la fiabilité absolue, et ils ne doivent en aucun cas se substituer au jugement ou au bon sens du lecteur. Enfin, rien dans cet ouvrage ne saurait être compris ou interprété comme une violation des droits des personnes ou une transgression des lois pénales : nous vous conseillons vivement le strict respect des lois et des droits d'autrui, y compris celui de la propriété.

Les auteurs

SOMMAIRE

AVANT-PROPOS

LES RÈGLES DE SURVIE

Par Mel Deweese, dit « la Montagne »

En tant que spécialiste de la survie – résistance, évasion, endurance ou sauve-qui-peut –, j'ai élaboré, écrit, suivi et donné des cours dans le monde entier, à plus de cent mille étudiants – civils, aviateurs et groupes d'élite de la Navy *SEAL*. J'ai à mon actif plus de trente ans d'expérience de la survie, des terres arctiques aux étendues sauvages du Canada, de la jungle des Philippines au désert australien.

Disons qu'au fil des années j'ai appris quelques petites choses sur le sujet.

En toutes circonstances, qu'il s'agisse d'une sortie en montagne, d'un voyage en avion ou en voiture, « survivre » signifie « rester en vie, sauvegarder son existence, continuer »... En fin de compte, il ne s'agit que de cela – continuer à vivre –, quelle que soit la difficulté de la situation.

• Il faut bien se préparer – aux plans du mental et de l'état physique comme à celui de l'équipement.

Je dirais, à propos de mon entraînement dans les terres arctiques, que c'est l'aventure de survie absolue. L'environnement y est extrêmement rude et implacable. Pourtant le peuple inuit (les Esquimaux) ne se contente pas de survivre, il *vit* là, au sommet du monde. Dès le départ, il faut prévoir tout le matériel de survie nécessaire – l'Arctique ne laisse que peu de place à l'improvisation.

Un matin, alors que nous buvions du thé pour nous réchauffer, blottis dans notre igloo, je remarquai que le plus âgé de nos deux guides inuits en absorbait une grande quantité. « Il doit avoir très soif », pensai-je.

Puis nous sortîmes faire notre course matinale à travers le paysage glacé. Lorsque nous eûmes gagné notre campement, le vieux guide se dirigea vers un monticule. Le jeune Inuit nous traduisit alors ses paroles : « C'est un bon poste d'observation, le renard va venir se mettre aux aguets. C'est un bon endroit pour poser un piège. » Le vieil homme prit alors son piège d'acier, l'installa, puis, à ma grande surprise, après avoir déroulé la chaîne, urina sur son extrémité !

Le jeune guide nous fournit l'explication : « Voilà pourquoi il a bu tout ce thé ce matin – pour fixer la chaîne ! » En effet, elle était déjà solidement ancrée dans le sol par le gel.

Conclusion : avoir de bonnes ressources et savoir improviser sont synonymes de survie.

• Dans ce domaine, il ne faut pas négliger l'importance du mental ; par-dessus tout, il faut rester calme, ne pas s'affoler. Ne pas oublier qu'en matière de survie la volonté est la qualité essentielle – il ne faut pas se laisser contaminer par l'« abandonnite », cette terrible maladie.

Les forces mentales entrent particulièrement en jeu lorsque quelqu'un commet une erreur, ce qui est inévitable.

Une fois, lors d'une expédition dans la jungle des Philippines, au cours d'une marche, notre vieux guide, Gunny, cueillit différentes plantes. Arrivé au camp, il tailla habilement des tubes de bambou, destinés à la cuisson. Puis il y disposa des feuilles, des escargots (il prétendait que seuls les vieux ramassaient les escargots, à cause de leur lenteur ; les jeunes, eux, attrapaient les crevettes) et quelques tranches de mangue verte. Il ajouta plusieurs ingrédients que je ne pus identifier, puis de l'eau, et ferma le tout avec des feuilles de taro avant de poser le tube de bambou sur le feu.

Après ce festin de forêt, nous nous installâmes pour dormir. Dans la nuit, je fus pris de douleurs, de contractions et de démangeaisons dans la gorge. Il faisait noir comme dans un four, nous étions loin de toute civilisation et mes voies respiratoires s'obstruaient progressivement. Le lendemain matin, mon état s'était aggravé et j'avais du mal à respirer. J'exposai mon cas au guide, qui me dit souffrir des mêmes symptômes. Réconfortés de pouvoir partager notre angoisse, nous résolûmes de découvrir la cause du problème. Il apparut que les feuilles de taro n'avaient pas bouilli assez longtemps.

Des heures plus tard, une fois rétabli, je tirai la leçon de l'expérience, acquise à mes dépens : même un vieil indigène peut se tromper.

Cela arrive à tout le monde. Savoir maîtriser ses erreurs est également une question de survie.

• Il faut avoir un plan de survie. Ce plan devra englober les aspects fondamentaux suivants : nourriture, feu, eau et abri, ainsi que des signaux de détresse et des secours de première urgence.

Je pense à un stage de survie auquel j'ai participé dans une autre jungle, un entraînement militaire. Le milieu tropical est le plus propice à la survie, à condition que l'on sache regarder autour de soi. La forêt procure tout le nécessaire – nourriture, feu, eau, abri. Nous manquions cruellement d'eau et ne pouvions atteindre les fleuves, rivières et sources où nous aurions pu étancher notre soif, car l'« ennemi » nous traquait. L'ennemi connaissait notre urgent besoin d'eau et contrôlait les zones où nous étions susceptibles de nous approvisionner. Pepe, notre guide, inspectant le feuillage de la jungle, tira son *bolo* (un grand couteau) de son fourreau de bois et choisit une liane ressemblant à de la vigne, d'un diamètre d'une dizaine de centimètres. Il sectionna la liane tout en haut, coupa un tronçon d'environ 75 centimètres, qu'il porta à mes lèvres parcheminées. La liane était excellente au goût et me désaltéra presque autant qu'un verre d'eau. Puis il trancha un rotin, qui produisit à peu près la même quantité de suc.

Le soir, nous fîmes des entailles dans le tronc d'un *taboy tree*, sous lesquelles nous disposâmes des récipients de notre fabrication en tube de bambou. Tôt le lendemain matin, à ma grande surprise, je trouvai de 6 à 8 litres d'eau dans nos seaux improvisés.

Ce même matin, sous la pluie, Pepe coupa une grande brassée d'herbes. Il chercha un arbre à écorce lisse et arrangea les herbes autour du tronc de façon à former une sorte d'entonnoir. Puis il plaça son godet de bambou sous le filtre ainsi formé par les herbes. Je n'étais pas convaincu par son procédé, mais celui-ci se révéla efficace pour recueillir l'eau de pluie. Cette nuit-là, ayant rejoint notre zone de sécurité, nous étions assis à la lueur du feu de bambou, enveloppés par l'obscurité de la jungle. Pepe me sourit : « Une fois de plus, me dit-il, nous avons échappé à l'ennemi et nous avons été capables de revenir. »

Nous fîmes notre devise de cette simple phrase – en fait, c'est la devise de quiconque s'exerce à la survie, même s'il ne la formule pas. « Être capable de revenir. »

Ce guide n'a d'autre ambition que de vous y aider.

PRÉFACE

« Tout ce qui est susceptible d'aller de travers ira de travers. »
(loi de Murphy.)

« Toujours prêts. »
(Devise des scouts.)

Le principe de base de ce guide est simple : « On ne sait jamais. »

On ne sait jamais quels tours la vie peut vous jouer, ce qui vous guette au coin de la rue, plane au-dessus de votre tête ou nage en dessous de vous dans les profondeurs. On ne sait jamais si l'on aura un jour à accomplir une action héroïque ou à régler une question de vie ou de mort.

Mais si cela se produisait, nous voulons être sûrs que vous saurez quoi faire. C'est le motif qui nous a poussés à écrire ce livre. Nous voulons que vous sachiez quoi faire si les pilotes s'évanouissent et que vous devez faire atterrir l'avion. Si vous voyez un aileron de requin nager vers vous. Ou si vous devez faire du feu en plein désert, sans allumettes. Nous voulons que vous sachiez quoi faire, non seulement dans ces situations mettant des vies en danger, mais dans des douzaines d'autres, qu'il s'agisse de sauter d'un pont ou d'une voiture, de recevoir correctement un coup, d'échapper à une charge de taureau ou bien de déjouer un tireur isolé ou de soigner une blessure par balle.

Nous-mêmes n'étions pas spécialistes de la survie lorsque nous avons entrepris la rédaction de ce livre – nous étions comme vous, des citoyens ordinaires. Joshua est un Américain de la côte est, c'est un gamin des villes – un adepte du système D. Originaire de l'ouest des États-Unis, David a passé sa jeunesse à faire du stop et du camping pour vivre sa passion : la pêche. Nous étions simplement une poignée de journalistes à l'esprit curieux, venus d'horizons divers, l'esprit toujours fourmillant de questions : nous nous interrogions notamment sur la façon de réchapper de différentes situations critiques, vraisemblables ou – de préférence – fantaisistes. Nous nous sommes regroupés et avons consulté toutes sortes d'experts pour réaliser le guide que vous avez entre les mains. Les informations contenues dans ce livre proviennent de sources éminemment fiables – cascadeurs, physiciens, instructeurs militaires, commandants de bombardiers, toréadors, spécialistes de la survie, moniteurs de plongée, chefs d'équipes de démolition, serruriers, parachutistes spécialistes de la chute libre, responsables de fermes d'alligators, biologistes marins, patrouilles de sauvetage d'avalanche, pour n'en citer que quelques-unes.

Vous trouverez dans ce livre, étayées par des illustrations attrayantes, des instructions simples qui vous guideront pas à pas dans quarante situations susceptibles de mettre votre vie – ou votre intégrité physique – en péril. Pour votre information, nous avons également rassemblé quelques renseignements indispensables – vous les trouverez précédés d'une puce noire. Tous ces conseils peuvent vous sauver la vie. Imaginez un instant que vous vous trouviez dans une de ces situations qu'affrontent d'ordinaire les héros de films d'action. Maintenant, vous saurez comment vous y prendre. Comme les scouts, vous serez « toujours prêts ».

Ayez ce guide en permanence à portée de main. Il est non seulement instructif et distrayant, mais aussi très utile. Gardez-en un exemplaire dans votre boîte à gants. Ne vous en séparez jamais en voyage, distribuez-le à vos amis et vos proches. Les scouts savent de quoi ils parlent.

Et justement, on ne sait jamais…

Joshua Piven et David Borgenicht

CHAPITRE PREMIER

S'EN SORTIR OU Y RENTRER

COMMENT SORTIR DES SABLES MOUVANTS

1 **Quand vous traversez une zone de sables mouvants, munissez-vous d'une perche solide – elle vous sera utile le cas échéant.**

2 **Dès que vous commencez à vous enfoncer, posez la perche à la surface du sable mouvant.**

3 **Laissez-vous tomber sur le dos sur la perche.**
Au bout d'une ou deux minutes, vous aurez trouvé votre équilibre dans le sable mouvant et vous ne coulerez plus.

4 **Faites glisser la perche dans la position suivante : positionnez-la sous les hanches, perpendiculairement à la colonne vertébrale.**
La perche soutiendra votre bassin tandis que vous ramènerez (doucement) une jambe, puis l'autre à la surface.

5 **Prenez le plus court chemin vers la terre ferme, en progressant lentement.**

COMMENT ÉVITER DE COULER

Les sables mouvants sont composés de sable ordinaire mêlé à de l'eau qui jaillit du sol, ce qui explique pourquoi il a toutes les propriétés d'un liquide. Cependant, à l'inverse de l'eau, les sables mouvants ne lâchent pas facilement prise. Si vous essayez de dégager un membre, il vous faudra vaincre la résistance du vide ainsi créé. Voici quelques renseignements utiles :

- Plus on produit du mouvement à l'intérieur des sables mouvants (en se débattant, par exemple), plus leur viscosité augmente. Il est donc essentiel de s'y déplacer très lentement.
- Flotter sur des sables mouvants est relativement aisé : c'est le meilleur moyen d'échapper à leur emprise. Le corps humain est moins dense que l'eau douce, qui l'est moins que l'eau salée. Il est donc plus facile de flotter sur de l'eau salée que sur de l'eau douce, et plus facile encore sur des sables mouvants. Écartez le plus possible bras et jambes et essayez de faire la planche.

Si vous devez traverser une zone de sables mouvants, munissez-vous d'une perche solide. Elle vous permettra de flotter sur le dos.

Placez la perche perpendiculairement à votre colonne vertébrale pour que votre bassin flotte.

COMMENT FORCER UNE PORTE

PORTES INTÉRIEURES

1 **Donnez un ou deux coups de pied bien placés à proximité de la serrure afin de la fracturer.**
Se jeter sur la porte pour essayer de la fracasser d'un coup d'épaule est en général moins efficace que de donner un coup de pied. Un coup de pied est en général assené avec davantage de force qu'un coup d'épaule, et il est également plus facile à diriger avec précision sur l'objectif.

Autre méthode
(si vous êtes en possession d'un tournevis)

✪ **Repérez sur le devant de la poignée de porte un petit orifice ou un trou de serrure.**
La plupart des portes intérieures sont munies de verrous destinés à protéger l'intimité des occupants. Les portes des chambres ou des salles de bains en sont généralement pourvues et peuvent être fermées de l'intérieur, mais il y a un orifice au centre de la poignée qui donne accès au mécanisme de la serrure en cas d'urgence, lorsque la porte est verrouillée de l'intérieur. Insérez le tournevis dans cet orifice, puis essayez de faire jouer la poignée jusqu'à ce que le mécanisme cède.

Portes extérieures

Fracturer une porte d'entrée nécessite davantage de force. Les portes extérieures, conçues dans un souci de sécurité, sont évidemment très résistantes. D'ordinaire, on trouve sur ces portes deux types de fermeture : un simple loquet et un verrou de sûreté. En général, le loquet ne sert qu'à empêcher la porte de battre et ne ferme pas à clé. Le verrou de sûreté est une serrure à pêne dormant, que l'on peut verrouiller avant de fermer la porte.

1 **Envoyez quelques coups de pied bien placés au point de fixation de la serrure.**
Une porte extérieure ne cède généralement pas au bout de la première tentative, donc ne vous découragez pas.

Autre méthode
(si vous êtes en possession d'un outil en acier résistant)

✪ **Faites sauter la serrure en insérant l'outil entre la serrure et la porte, puis exercez une pesée, d'avant en arrière, comme avec un levier.**

Autre méthode
(si vous avez un tournevis, un marteau et un poinçon)

✪ **Ôtez les tourillons des gonds (si la porte s'ouvre vers vous) et forcez la porte du côté des gonds pour l'ouvrir.**
Procurez-vous un tournevis ou un poinçon et un marteau. Placez le poinçon ou le tournevis sous le gond, la pointe touchant le bord du verrou ou la vis qui le maintient. À l'aide du marteau, frappez l'extrémité du tournevis ou du poinçon, jusqu'à ce que le gond cède.

OÙ L'EXERCICE REQUIERT DAVANTAGE DE FORCE

Les portes intérieures, de structure plus légère que les portes extérieures, sont aussi moins épaisses – environ 3,5 centimètres, contre 4,5 centimètres environ pour les portes d'entrée. Habituellement, dans les maisons anciennes, ces dernières sont en bois plein, tandis que dans les maisons récentes, on a affaire à des modèles meilleur marché, creux à l'intérieur. Il est important de savoir identifier de quel type de porte il s'agit, pour affiner sa méthode. En général, quelques coups frappés sur une porte suffisent pour qu'on se fasse une idée juste de sa facture et de sa résistance.

Bois creux : ce sont généralement des portes d'intérieur, sans isolation ni renfort, et il suffit d'un minimum de force pour en venir à bout. On peut facilement les forcer avec un tournevis.

Bois plein : le plus fréquemment, il s'agit de chêne ou de bois massif. Il faut davantage de force pour en venir à bout, et mieux vaut se munir d'un levier ou d'un outil similaire.

Plaqué : ces portes ont un cadre en bois tendre, recouvert d'un contre-plaqué sur chaque face, l'intérieur est en bois plané ou dolé. Pour les ouvrir, une pression moyenne suffit, ainsi qu'un tournevis.

Revêtement métallique : ces portes sont en général en bois tendre revêtu d'une plaque de métal assez mince. Une pression moyenne – voire supérieure à la moyenne – est nécessaire pour les ouvrir, ainsi qu'un pied-de-biche.

Métal creux : ces portes, en métal plus lourd, renforcé généralement sur le pourtour et dans la zone de fixation de la serrure, sont parfois remplies avec un matériau isolant. Leur ouverture requiert un maximum de force et un pied-de-biche.

COMMENT FORCER UNE PORTIÈRE DE VOITURE

La plupart des voitures de plus de dix ans sont équipées de serrures à fixation verticale, dont on obtient la fermeture en actionnant un bouton-poussoir. L'extrémité de ces fixations aboutit directement au-dessus de la portière et le système est assujetti verticalement à l'intérieur de celle-ci. On peut facilement ouvrir ce type de serrures à l'aide d'un cintre en fil de fer ou d'un rossignol; on peut aussi les crocheter (voir plus bas). Les voitures les plus récentes, munies de serrures horizontales dont le mécanisme aboutit sur le côté de la portière, sont reliées à des systèmes de fixation horizontaux. Ces serrures sont plus difficiles à manipuler sans outil approprié, mais il n'est pas impossible de les ouvrir.

COMMENT FORCER UNE PORTIÈRE À L'AIDE D'UN CINTRE EN FIL DE FER

1 **Prenez un cintre en fil de fer et tordez-le en forme de J majuscule.**

2 **Formez avec l'extrémité inférieure du J un carré de 4 à 5 centimètres de large (voir illustration).**

3 **Glissez le cintre entre la vitre et la garniture de la portière.**
En procédant par tâtonnements, cherchez l'extrémité de la tige du bouton de la portière et lorsque vous la tenez, tirez pour ouvrir la serrure.

À l'aide d'un cintre

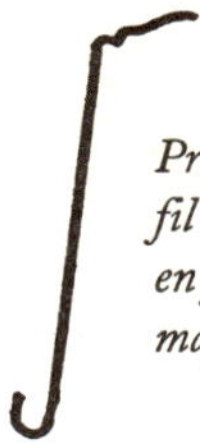

Prenez un cintre en fil de fer et tordez-le en forme de J majuscule.

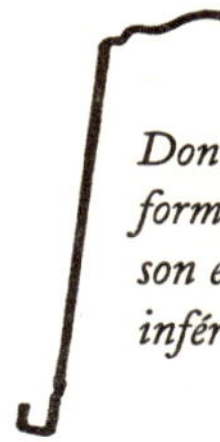

Donnez une forme carrée à son extrémité inférieure.

Glissez le cintre entre la vitre et le revêtement de la portière. Faites-le jouer jusqu'à ce que vous sentiez la tige du bouton et tirez.

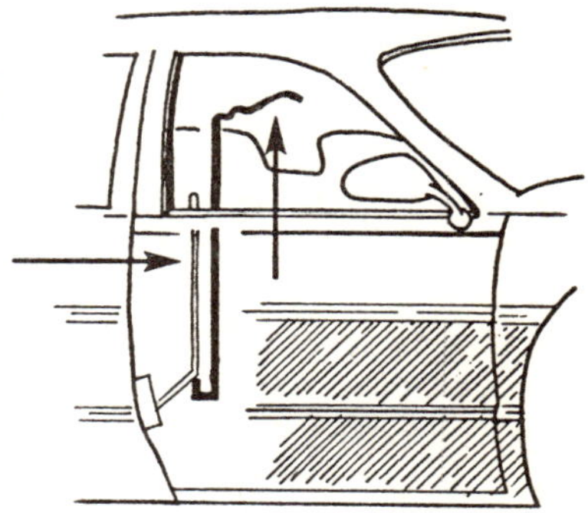

COMMENT FORCER UNE PORTIÈRE À L'AIDE D'UN ROSSIGNOL

1 Un rossignol est une fine lame d'acier souple munie d'une encoche sur un côté, qui permet de tirer facilement une tige de serrure. On en trouve dans presque tous les magasins d'accessoires pour autos.

Introduisez doucement l'outil entre la vitre et la garniture.

Sur certains modèles, il n'y a guère plus de 6 millimètres d'accès au mécanisme de la serrure, il faut donc procéder avec précaution et se montrer patient.

2 **Ne remuez pas l'outil en tous sens pour essayer de localiser la tige de la serrure.**
Vous pourriez endommager le mécanisme interne et faire sauter les tiges.

3 **Faites glisser l'outil d'avant en arrière : lorsque vous sentez qu'il accroche la tige de la serrure, débloquez-la d'une chiquenaude.**

Glissez le rossignol entre la vitre et la garniture de la portière. Faites-le bouger d'avant en arrière jusqu'à ce qu'il accroche la tige de la serrure.

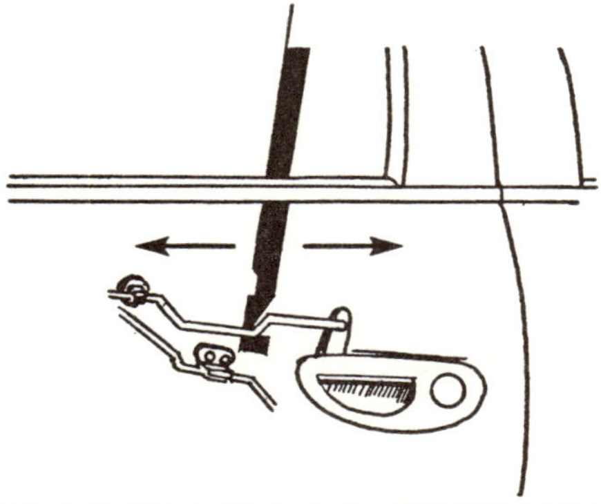

COMMENT CROCHETER UNE SERRURE DE VOITURE

1 **Il vous faut deux outils : l'un pour faire jouer les broches à l'intérieur de la serrure et l'autre pour tourner le cylindre.**
Vous pouvez utiliser une petite clé Allen pour tourner la serrure et une longue épingle à cheveux pour faire jouer les broches et les crans. Sachez que les serrures des portières de voiture, souvent protégées par un petit volet, sont plus difficiles à forcer.

2 **Tout en maintenant l'épingle à cheveux dans la serrure, exercez une pression douce et constante avec la clé, tout en tournant légèrement.**
C'est le seul moyen de voir si les broches ou les crans – qui doivent être alignés avec les crans et les rainures de la serrure – sont bien en face. La plupart des serrures possèdent cinq broches.

3 **Faites jouer l'épingle à cheveux jusqu'à ce que les broches ou les crans bougent et que la serrure tourne doucement.**

Autre méthode

✪ **Utilisez la clé d'un autre modèle du même constructeur.**
Cela peut paraître surprenant, mais il n'existe guère de différences entre les serrures d'une même marque de véhicules. Il se peut qu'une autre clé fonctionne, tout simplement.

Recommandation

Inutile de préciser que vous êtes censé forcer votre propre voiture, cela va sans dire.

COMMENT FAIRE DÉMARRER UNE VOITURE SANS CLÉ DE CONTACT

Essayer de faire démarrer une voiture sans la permission du propriétaire est illégal, sauf si l'on est amené à rentrer en possession de son propre bien. Cette opération peut être périlleuse ; elle présente un réel danger d'électrocution et risque de ne pas être efficace sur tous les véhicules, certains étant munis de dispositifs de sécurité. Il existe des « coupe-contact » qui empêchent de faire démarrer un moteur sans clé.

1 **Soulevez le capot.**

2 **Repérez le fil de la bobine : il est rouge.**
Pour ce faire, il suffit de suivre le faisceau des fils de contact qui y sont reliés. Ces fils se trouvent à l'arrière du moteur dans la plupart des V8 (huit cylindres en V). Sur les moteurs six cylindres, les fils sont situés sur le côté gauche, près du centre du moteur, et sur les quatre cylindres, sur le côté droit.

3 **Faites courir un fil du pôle positif (+) de la batterie au côté positif du relais du démarreur ou du fil rouge qui y conduit.**
Cette étape est indispensable pour alimenter le tableau de bord. Si elle n'est pas exécutée préalablement, le moteur ne démarrera pas.

Faites courir un fil du pôle positif du démarreur au fil rouge de la bobine.

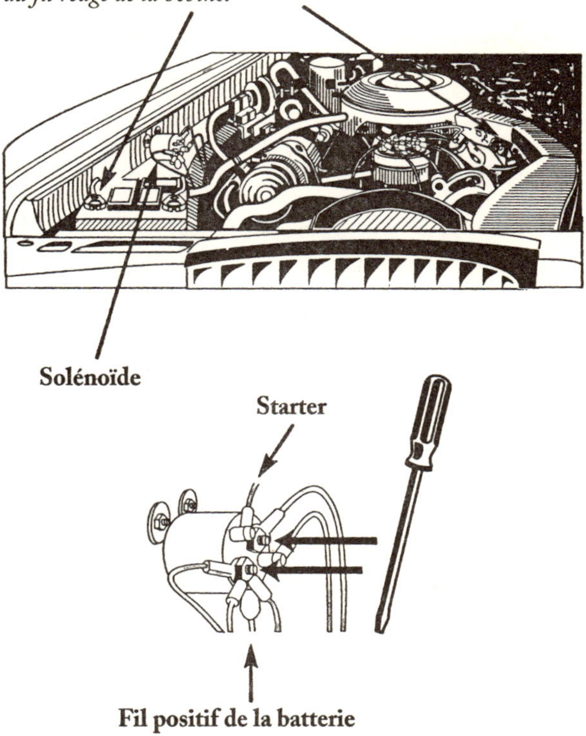

Croisez les extrémités des fils à l'aide d'un tournevis ou de pinces (sur les Ford)

4 **Localisez le relais du démarreur.**

Sur les véhicules de marque GM (General Motors), il est sur le démarreur lui-même. Sur les Ford, il est sur le côté gauche (côté passager) à l'intérieur de l'aile.

Pour le repérer facilement, il suffit de suivre le câble positif de la batterie : c'est un petit fil qui se trouve à

Pour débloquer le volant

Sur les GM, placez le tournevis sur la partie supérieure et au centre de la colonne de direction.

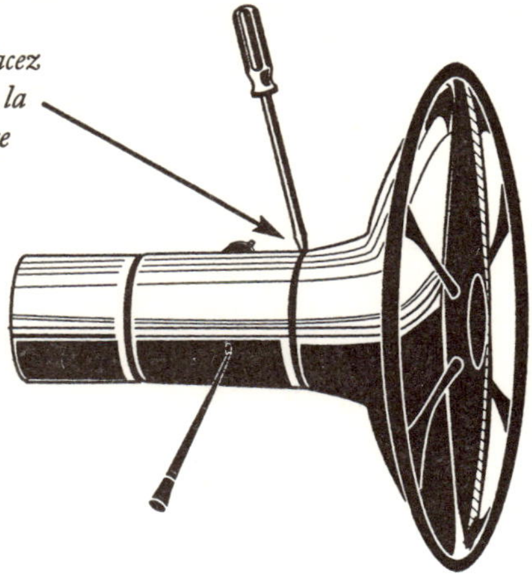

côté du câble positif de la batterie. Croisez ces deux fils à l'aide d'un tournevis ou de pinces. Cette manœuvre va lancer le moteur.

5 **Si la voiture est équipée d'une boîte de vitesses standard, assurez-vous qu'elle est au point mort et que le frein à main est serré. Si le véhicule possède un embrayage automatique, vérifiez qu'il est sur le point mort (*park*).**

6 **Comment débloquer le volant avec un tournevis à tête plate.**
Placez le tournevis sur la partie supérieure de la colonne de direction, au centre. Insérez-le entre le volant et la colonne de direction. Donnez un coup sec pour écarter l'antivol du volant. Allez-y franchement, vous ne risquez pas d'endommager l'antivol.

COMMENT EFFECTUER UN RAPIDE DEMI-TOUR EN VOITURE

EN MARCHE ARRIÈRE

1 **Passez la marche arrière.**

2 **Fixez un point droit devant vous. Ne le quittez pas des yeux tout en amorçant votre marche arrière.**

3 **Appuyez à fond sur l'accélérateur.**

4 **Tournez vivement le volant à 90° (un quart de tour) tout en passant la première.**
Prenez suffisamment de vitesse (sans dépasser 70 kilomètres-heure, sinon vous pourriez faire verser le véhicule et endommager les pignons de l'embrayage), puis utilisez votre élan pour faire tourner la voiture. Tournez le volant à gauche pour faire pivoter l'arrière de la voiture vers la gauche, à droite pour le faire pivoter vers la droite.

5 **Une fois que la voiture a effectué son demi-tour, accélérez et roulez !**

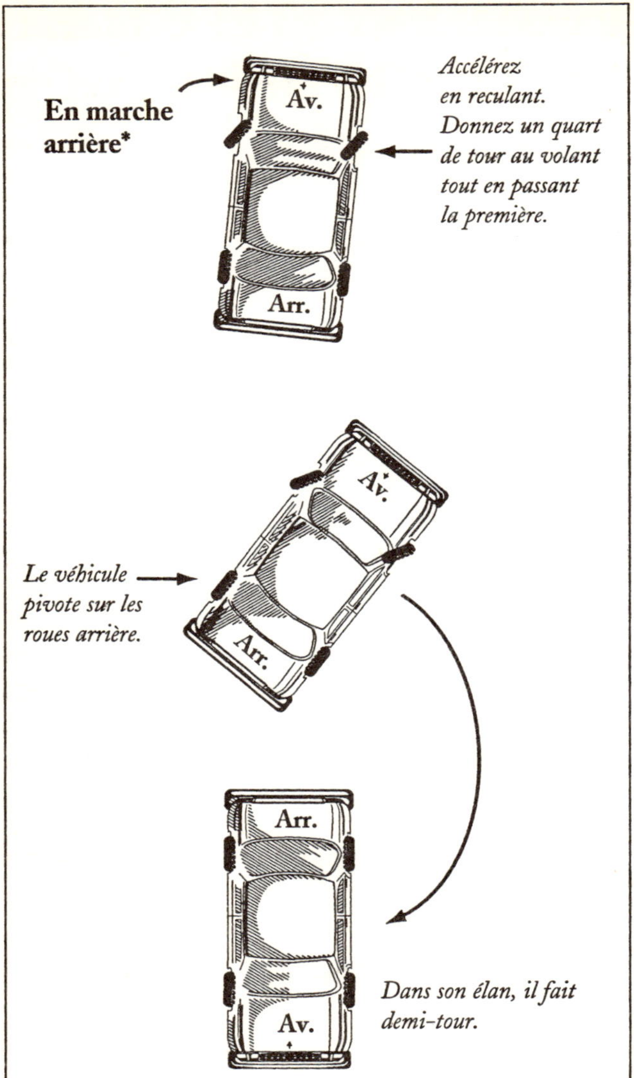

*Sans dépasser 70 km/h.

En marche avant

1 **Lorsque le véhicule est en train de rouler, ou que vous venez de passer la première, accélérez jusqu'à une vitesse raisonnable (à plus de 70 kilomètres-heure, vous risquez de faire verser la voiture).**

2 **Mettez le moteur au point mort pour éviter aux roues avant de déraper.**

3 **Levez le pied de l'accélérateur et tournez le volant à 90° (un quart de tour) tout en tirant fermement sur le frein à main.**

4 **Au moment où l'arrière tourne, redressez le volant et recommencez à rouler.**

5 **Accélérez pour reprendre la direction de l'endroit d'où vous venez...**

Recommandations

Exécuter un demi-tour en marche avant est plus difficile pour les raisons suivantes :
– l'avant de la voiture tourne plus facilement car il est plus lourd et se déplace plus vite avec l'élan;
– l'arrière est plus difficile à contrôler – plus léger, il dérape plus facilement que l'avant. Les risques encourus sont de perdre le contrôle du braquage ou de faire un tonneau;
– l'état de la chaussée joue un rôle déterminant dans le succès – et la sécurité – de la manœuvre. Toute surface n'offrant pas une adhérence suffisante (présence de poussière, de boue ou de gravier) rendra le demi-tour plus périlleux et les collisions probables.

COMMENT TAMPONNER UNE VOITURE

Dégager un véhicule gênant n'est ni facile ni exempt de risque, mais il existe des méthodes plus efficaces que d'autres. Certaines épargneront davantage votre véhicule. Le meilleur moyen de percuter un véhicule qui obstrue le passage est de s'en approcher le plus possible – à 30 centimètres environ du pare-chocs arrière. L'arrière, qui est la partie la plus légère, bougera avec une relative facilité. Le choc que vous infligerez à l'arrière de cette voiture peut la mettre hors service pour un moment : si sa roue arrière est touchée, cela vous laisse le temps de partir sans être inquiété.

1 **Si possible, mettez votre Airbag hors fonction.** Sinon il se gonflera sous le choc et gênera la visibilité.

2 **Attachez votre ceinture de sécurité.**

3 **Accélérez – jusqu'à 40 kilomètres-heure au moins.** Ne roulez pas trop vite – une allure modérée vous permettra de garder le contrôle de votre véhicule sans avoir à ralentir. Puis, juste avant l'impact, augmentez la vitesse à plus de 50 kilomètres-heure de façon à heurter efficacement la roue arrière du véhicule gênant.

4 **Projetez le côté passager de votre propre voiture contre la roue arrière du véhicule gênant, selon un angle de 90° (de façon que les véhicules se retrouvent perpendiculaires).**

5 **Si vous n'avez pas pu tamponner la voiture à l'arrière, avancez jusqu'à l'aile avant.**
Évitez de cogner la voiture au milieu du côté, cela ne la ferait pas bouger.

6 **Une fois le véhicule dégagé, mettez pleins gaz et poursuivez votre route.**

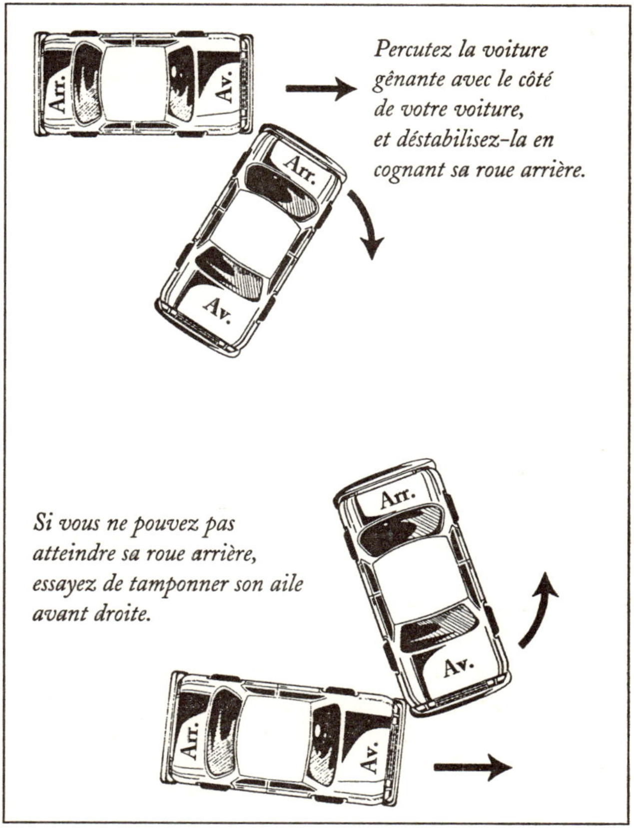

COMMENT S'ÉCHAPPER D'UNE VOITURE QUI COULE

1 **Dès que vous touchez l'eau, ouvrez votre vitre.**
C'est votre meilleure chance d'en réchapper – ouvrir la portière par la suite est beaucoup plus difficile, compte tenu de la pression de l'eau. (On devrait toujours, par prudence, entrouvrir les vitres dès que l'on roule à proximité d'une étendue d'eau ou sur de la glace.) En ouvrant la vitre, le fait de laisser entrer l'eau égalise la pression. Quand la pression sera la même à l'intérieur et à l'extérieur de l'habitacle, vous pourrez ouvrir la portière.

2 **Si vos lève-glaces électriques ne fonctionnent pas et qu'il ne vous est pas possible d'ouvrir manuellement, essayez de briser la vitre avec le pied, l'épaule ou un objet lourd, comme ces antivols que l'on bloque autour du volant.**

3 **Sortez du véhicule.**
Ne vous préoccupez pas de ce que vous laissez derrière vous, si ce n'est pas une personne. Les voitures qui ont le moteur à l'avant vont sombrer par l'avant, selon un angle aigu. À partir de 4,50 mètres de fond, ou plus, le véhicule peut se retrouver sur le toit. C'est la raison pour laquelle il faut sortir le plus vite possible, tant que la voiture flotte encore à la surface. Le temps de flottaison varie selon les véhicules, de quelques secondes à quelques minutes. Plus l'habitacle est hermétique, plus il flottera longtemps. L'eau chassera rapidement l'air en s'infiltrant par le coffre et le capot. Il est peu vraisemblable qu'une

poche d'air subsiste une fois que le véhicule aura touché le fond. Il faut alors sortir le plus vite possible.

4 **Si vous ne parvenez pas à ouvrir la vitre ni à la briser, il vous reste une dernière solution.**
Restez calme et ne vous affolez pas. Attendez que l'habitacle soit rempli d'eau. Lorsque l'eau atteindra votre tête, prenez une grande respiration et retenez votre souffle. La pression devrait être la même à l'intérieur et à l'extérieur du véhicule et vous pourrez alors ouvrir la portière et nager jusqu'à la surface.

Comment éviter de passer à travers la glace

- Pour conduire en toute sécurité sur la glace avec une voiture ou une camionnette légère, assurez-vous que la couche de glace est unie, solide et épaisse de 20 bons centimètres.
- Il est déconseillé de s'aventurer sur la glace en début ou en fin de saison.
- Ne laissez pas longtemps votre véhicule en stationnement à la même place, cela risque de fragiliser la couche de glace. De même, mieux vaut ne pas garer plusieurs voitures côte à côte, ni rouler en file indienne.
- Avancez toujours perpendiculairement aux craquelures, et lentement.
- La glace récemment formée est en général plus épaisse que la glace ancienne.
- L'eau d'un lac ou d'un fleuve qui gèle d'un seul coup est plus solide que la neige fondue qui gèle et regèle, ainsi que l'eau qui se transforme en glace en s'infiltrant à travers les craquelures.
- Si la glace est recouverte d'une couche de neige, méfiez-vous : la neige, en agissant comme isolant, ralentit le processus de gel et son poids peut affaiblir la force de portée de la glace.
- La glace est plus mince près du rivage.
- Elle est moins solide sur les rivières que sur les lacs.
- Les embouchures des fleuves sont dangereuses : la glace y est plus fragile.
- Ayez toujours sur vous quelques gros clous et une corde. Vous pourrez vous hisser à la surface de la glace à l'aide des clous et lancer la corde pour que l'on vous tire sur une partie de glace plus ferme. La corde peut également vous être utile pour porter secours à autrui.

QUE FAIRE DEVANT UNE LIGNE À HAUTE TENSION TOMBÉE À TERRE

Les lignes à haute tension qui partent des générateurs et transformateurs peuvent être abattues par une grosse tempête. Si vous vous trouvez dans votre voiture lorsqu'un poteau ou un câble chute, restez-y : vous serez plus en sécurité à l'intérieur d'un véhicule en contact avec la terre qu'à pied. Si le câble tombe sur la voiture, ne touchez à rien – attendez les secours.

1 **Partez du principe que toute ligne, qu'elle fasse ou non des étincelles, est sous tension.**

2 **Éloignez-vous des lignes à haute tension.**
Le courant peut passer par n'importe quel matériau conductible : de l'eau sur le sol peut former une rigole qui vous relie à la ligne à haute tension. On peut également recevoir une décharge si l'on se trouve en contact avec des particules électrisées, à proximité d'une ligne à haute tension ; il n'est pas nécessaire d'être en contact direct avec le câble pour être électrocuté. Ne touchez jamais un véhicule qui a été en contact avec un câble, il peut être encore chargé de courant.

3 **Ne vous fiez pas à un câble qui ne fait pas d'étincelles.**
Le courant est souvent rétabli automatiquement et une ligne apparemment hors tension peut être dangereuse. Ne vous approchez pas d'une ligne tombée à terre, même si ce n'est pas une ligne électrique – elle peut avoir été en contact avec un câble électrique au moment de sa chute, et être de nouveau sous tension.

4 **Si une personne a heurté une ligne électrique, utilisez un matériau non conductible pour l'écarter de la source de courant.**
Prenez un manche à balai en bois, une chaise en bois, une serviette ou un drap secs. Le caoutchouc ou les gants n'offrent aucune protection.

5 **Évitez d'effleurer la peau de la victime – ou tout autre matériau conducteur que la personne aurait touché – avant de l'avoir isolée de la source électrique : vous risqueriez d'être électrocuté à votre tour.**

6 **Prenez le pouls de la personne et commencez à lui pratiquer le bouche-à-bouche ou une ventilation assistée si nécessaire.**

Ne touchez jamais un véhicule qui a été en contact avec une ligne. Même si la ligne a été écartée, la voiture peut garder une charge électrique.

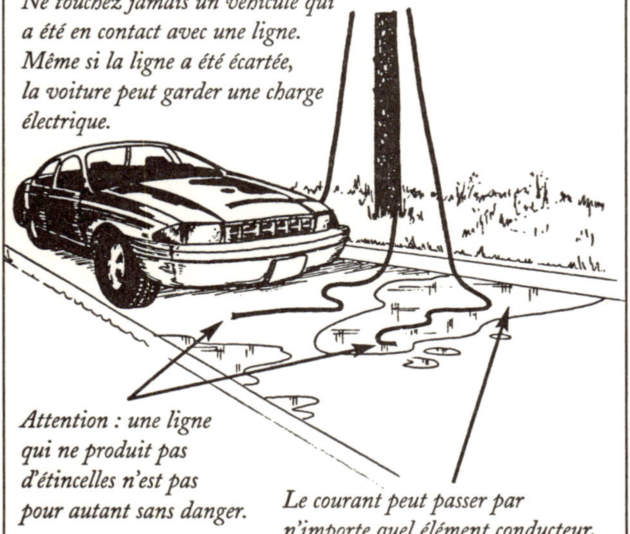

Attention : une ligne qui ne produit pas d'étincelles n'est pas pour autant sans danger.

Le courant peut passer par n'importe quel élément conducteur, par exemple l'eau.

CHAPITRE 2

LA MEILLEURE DÉFENSE

COMMENT SURVIVRE À UNE MORSURE DE SERPENT VENIMEUX

Les serpents venimeux étant parfois difficiles à identifier et certains reptiles inoffensifs présentant pratiquement les mêmes caractéristiques que ceux-là, le meilleur moyen de ne pas se faire mordre est encore de se tenir à l'écart des serpents… Avant d'être absolument certain du contraire, partez toujours du principe qu'un serpent est venimeux.

COMMENT SOIGNER UNE MORSURE DE SERPENT

1 **Dès que possible, lavez la morsure à l'eau et au savon.**

2 **Immobilisez la partie du corps où se situe la morsure et maintenez-la en dessous du niveau du cœur.**
Ce procédé ralentira l'épanchement du venin.

3 **Consultez un médecin au plus vite.**
En cas de morsure de serpent, faites impérativement appel à un médecin – sauf si vous êtes prêt à jurer sur votre propre tête que le serpent était inoffensif. Sur les quelque 8 000 morsures de serpent recensées aux États-Unis chaque année, de 9 à 15 sont mortelles. Il faut toujours considérer une morsure de serpent venimeux – quel qu'il soit – comme une urgence médicale. Même une morsure de serpent non venimeux doit être montrée à un médecin, une allergie grave étant toujours à craindre. Certains serpents à sonnettes (crotales)

mojaves ont un venin extrêmement toxique pour le système nerveux, qui atteint le cerveau ou la colonne vertébrale, causant la paralysie.

4 **Si vous ne pouvez pas joindre de médecin dans la demi-heure, faites sans plus attendre un garrot à une dizaine de centimètres au-dessus de la morsure, afin de ralentir la propagation du venin.**
Il ne faut pas que le garrot coupe la circulation d'une veine ou d'une artère. Faites-le suffisamment lâche pour pouvoir y glisser un doigt.

5 **Si vous êtes équipé d'un nécessaire de première urgence, de type Aspivenin, suivez les instructions. Vous devez pouvoir extraire le venin de la morsure sans pratiquer d'incision.**
En principe, il faut aspirer le venin en plaçant la ventouse en caoutchouc sur les marques de morsure.

Ce qu'il ne faut pas faire

- Mettre de la glace ou quelque chose de froid sur la morsure; cela rendra l'aspiration du venin plus difficile.
- Faire un bandage trop serré. Mal posé, un pansement compresseur peut couper complètement la circulation du sang et endommager le membre.
- Pratiquer une incision dans la morsure, ou même à proximité, pour essayer d'extraire le venin – en raison des risques d'infection.
- N'essayez pas d'aspirer le venin avec la bouche. Une fois dans la bouche, il pourrait pénétrer dans votre sang.

Les serpents s'enroulent avant d'attaquer.

Un serpent peut frapper à une distance d'environ la moitié de sa longueur. L'autre moitié reste au sol.

Comment échapper à un python

Contrairement aux serpents venimeux, les pythons et les boas ne tuent pas leurs proies par injection de venin, mais par constriction. D'où leur nom de « constrictor ». Un constrictor s'enroule autour de sa proie, puis resserre son étreinte jusqu'à ce qu'elle meure étouffée.
Les pythons et les boas, dont les plus grands spécimens peuvent atteindre 10 mètres de long, sont tout à fait capables d'étouffer un être humain adulte, *a fortiori* un petit enfant. L'aspect positif de leur comportement est que, pour la plupart, les pythons attaquent, mais ne s'acharnent pas. Ils préfèrent s'enfuir plutôt que d'ingurgiter un être humain adulte.

1 **Restez calme.**
Cela amoindrira la force de la constriction, mais en général le python ne relâche sa proie que lorsqu'elle est inerte et morte depuis un bon moment.

2 **Tentez de saisir la tête du python et de dénouer les anneaux, en commençant par la tête ou la queue – selon ce qui vous tombe sous la main.**

COMMENT ÉVITER D'ÊTRE ATTAQUÉ PAR UN SERPENT

- Ne vous approchez pas pour mieux le voir, n'essayez pas de le faire bouger ni de le tuer.
- Si vous trouvez un serpent sur votre chemin, reculez lentement. Éloignez-vous de lui le plus possible : les serpents ont une détente égale à la moitié de la longueur de leur corps, et certaines espèces mesurent 2 mètres ou plus…
- Lorsque vous vous promenez dans une région infestée de serpents venimeux, portez toujours des bottes de cuir épais et des pantalons longs.
- Ne vous écartez pas des sentiers balisés.
- Les serpents, qui sont des animaux à sang froid, ont besoin de soleil pour réguler la température de leur corps. Ils sont souvent lovés sur des pierres chaudes ou autres endroits exposés.

COMMENT SE DÉBARRASSER D'UN REQUIN

1 **Rendez coup pour coup.**
Si un requin se dirige vers vous ou vous attaque, prenez tout ce qui vous tombe sous la main : appareil photo, poinçon, fusil harpon – au besoin, servez-vous de vos poings – pour frapper le requin dans les yeux ou sur les ouïes : ce sont les endroits les plus douloureux.

2 **Bombardez-les de coups précis et violents.**
Les requins sont des prédateurs qui ne s'acharnent que s'ils se sentent en position de supériorité ; déstabiliser l'adversaire par tous les moyens ne peut qu'accroître vos chances de survie. Contrairement à une idée reçue, ce n'est pas le rostre qu'il faut viser – sauf si les yeux ou les ouïes sont hors de portée. Frapper un requin, c'est simplement lui signifier que vous n'êtes pas désarmé devant lui.

COMMENT ÉVITER DE SE FAIRE ATTAQUER

- Restez toujours en groupe. Le requin s'en prend plus facilement à un sujet isolé.
- Ne vous aventurez pas seul loin du rivage. Qui plus est, vous seriez hors de portée des secours, le cas échéant.
- Évitez de vous baigner la nuit ou au crépuscule, c'est le moment où les requins sont le plus actifs – et leurs sens le plus aiguisés.

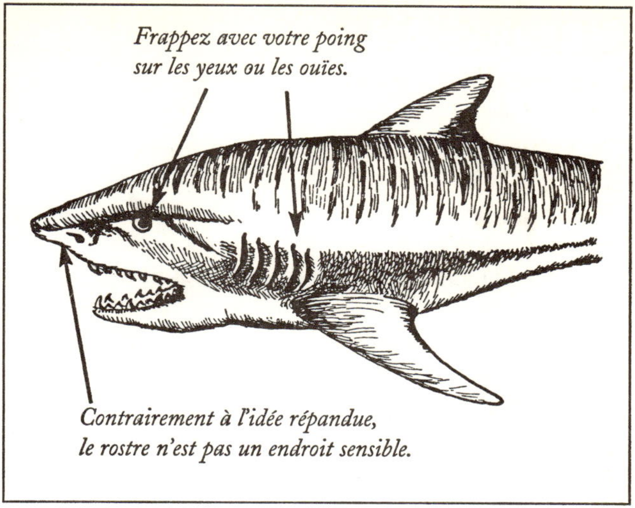

- Ne vous baignez pas si vous avez une blessure qui saigne ou si vous avez vos règles – le requin est attiré par le sang et son odorat est puissant.
- Ne portez pas de bijoux brillants : leur reflet peut être confondu par le prédateur avec les écailles d'un poisson.
- Éloignez-vous des eaux où se déversent des collecteurs d'égout, des zones de pêche industrielle ou sportive, surtout si l'on y utilise des appâts ou si l'on y nourrit les poissons. Les oiseaux de mer qui plongent sont de précieux indicateurs.
- Redoublez de précautions si l'eau est trouble : évitez d'arborer des marques de bronzage trop nettes et de porter des couleurs vives – le requin perçoit remarquablement les contrastes.
- Si le requin se montre, ce sera sans doute davantage par curiosité que par agressivité et, selon toute

vraisemblance, il poursuivra son chemin sans vous inquiéter. Si vous êtes sous l'eau et que vous avez le temps de voir le requin avant qu'il n'attaque, vous avez des chances de pouvoir vous défendre, à condition qu'il ne s'agisse pas d'un trop gros spécimen.

- Les plongeurs sous-marins doivent éviter de nager à la surface, où ils sont perçus comme une proie par le requin et d'où ils ne le voient pas approcher.
- Une attaque de requin est un danger non négligeable pour les amoureux de la mer, mais il faut rester réaliste : chaque année, les abeilles, les guêpes et les serpents font davantage de victimes que les requins. Aux États-Unis, le risque de mourir foudroyé est 30 fois plus élevé que celui de succomber à une attaque de requin.

TROIS FORMES D'ATTAQUES DIFFÉRENTES CHEZ LE REQUIN

ATTAQUE ET ESQUIVE. C'est de loin la forme d'attaque la plus courante, caractéristique des zones réservées au surf, où nageurs et surfeurs constituent des proies faciles. La victime voit rarement son assaillant, qui disparaît aussitôt après lui avoir infligé une morsure ou une balafre.

COUPS ET MORSURES. Cette tactique consiste à encercler la victime, puis à la harceler de coups avant de passer à l'assaut proprement dit. Ce genre d'attaque vise plutôt les plongeurs et nageurs en grande profondeur, mais dans certaines régions du globe, elle peut se produire près des rivages, en eau peu profonde.

ATTAQUE FURTIVE. La tactique du prédateur change : le coup arrive sans crier gare. Coups et morsures, combinés à ces attaques sournoises, sont la « tactique » d'agression le plus souvent pratiquée par les requins. Très graves, les blessures consécutives à ces attaques furtives entraînent souvent la mort de la victime.

Recommandations

La plupart des attaques ont lieu près du rivage, à l'intérieur d'une zone d'ensablement ou entre deux hauts fonds où les requins viennent se nourrir et peuvent se trouver piégés à marée basse. Les brusques dénivellations sont aussi des sites de prédilection pour d'éventuelles attaques : leurs proies naturelles s'y rassemblent et les requins y abondent.

Presque tous les requins de grande taille – 2 mètres de long ou plus – représentent un danger potentiel pour l'homme. Mais trois espèces en particulier s'attaquent régulièrement à l'homme : le requin blanc *(Carcharodon carcharias)*, le requin tigre *(Galeocerdo cuvieri)* et le requin taureau *(Carcharhinus leucas)*. On les trouve dans toutes les mers du globe, ils atteignent une grande taille et consomment des proies en proportion : mammifères marins, tortues de mer et poissons composent leurs menus quotidiens.

COMMENT ÉCHAPPER À UN OURS

1 **Gardez votre calme, ne bougez pas.**
L'expérience a montré qu'une mère ourse cesse d'attaquer si la personne en face n'a pas une attitude agressive.

2 **Restez sur place, ne montez pas dans un arbre pour échapper à un ours.**
Les ours bruns sont agiles, ils grimpent vite aux arbres et vous rattraperaient. Aussi bizarre que cela puisse paraître, l'ours vous laissera tranquille si vous vous tenez coi.

3 **Si vous ne bougez pas et que l'ours attaque, frappez-le avec ce qui vous tombera sous la main.**
Visez les yeux ou le museau de l'animal.

QUEL COMPORTEMENT ADOPTER EN FACE D'UN OURS

- Manifestez votre présence en parlant à voix haute, en tapant dans les mains, en chantant ou même en criant (d'aucuns préfèrent se munir de cloches). En tout cas, débrouillez-vous pour vous faire entendre – l'ours n'aime pas être surpris. Et n'oubliez pas qu'il court beaucoup plus vite que vous.
- Ne laissez pas les enfants s'éloigner, gardez-les toujours sous les yeux.
- On ne peut pas parler de « distance de sécurité minimale » avec l'ours : plus on est loin de lui, mieux ça vaut !
- Si vous êtes en voiture, ne descendez pas, même pour faire une petite photo. Gardez les vitres fermées. N'empêchez pas l'ours de traverser la route.

Tous les ours sont dangereux, et plus particulièrement dans ces trois situations

Lorsque les femelles ont des petits.

Lorsque les ours sont habitués aux restes de nourriture des humains.

Lorsqu'ils défendent une proie fraîchement tuée.

- Éliminer toute odeur de nourriture qui pourrait subsister sur vous, sur votre matériel de camping, vos vêtements ou votre voiture.
- Ne dormez pas dans des vêtements que vous avez portés pour cuisiner.
- Rangez vos provisions de façon que les ours ne puissent ni les sentir ni les atteindre.
- Ne laissez aucune nourriture dans votre tente – pas même un carré de chocolat.
- Emballez les poubelles avec soin et mettez-les à l'écart.
- Veillez avec le même soin à la nourriture de vos animaux domestiques.
- Tous les ours sont dangereux, mais ils le sont davantage dans trois situations particulières :
  - lorsque les mères protègent leurs petits,
  - lorsque les ours sont habitués aux restes de nourriture des humains,
  - lorsqu'ils défendent une proie fraîchement tuée.

Recommandations

Il y a environ 650 000 ours bruns en Amérique du Nord, et on ne déplore qu'un seul mort tous les trois ans – alors que des centaines de rencontres ont lieu. Aux États-Unis, la population d'ursidés est majoritairement composée d'ours bruns, dont la fourrure n'est d'ailleurs pas toujours sombre : elle peut être brun clair ou blonde selon les cas. Les mâles sont généralement plus gros que les femelles (de 75 à 300 kg pour les mâles, de 50 à 180 kg pour les femelles).

- L'ours court plus vite que le cheval, que soit en montée ou en descente.
- Il monte aux arbres. L'ours brun est meilleur grimpeur que le grizzli.
- L'ours a un odorat et une ouïe excellents.
- L'ours est extrêmement puissant. Il est capable de mettre une voiture en pièces pour trouver de la nourriture.
- L'ours possède son « espace vital », dont l'étendue varie – de quelques mètres à quelques centaines de mètres – selon chaque animal et chaque situation. Toute intrusion dans ce territoire est perçue comme une menace et peut provoquer l'agressivité de l'animal.
- L'ours défend âprement sa nourriture.
- Toutes les femelles défendent leurs petits. Une femelle surprise de trop près avec ses petits, ou séparée d'eux, peut attaquer.
- La femelle du grizzli a une réaction agressive si elle sent ses petits menacés, c'est sa défense naturelle.
- La femelle de l'ours brun fait grimper ses petits dans un arbre et reste au pied du tronc pour les défendre.
- Ne vous approchez pas d'un animal mort. L'ours pourrait vous attaquer pour s'approprier cette nourriture.
- Il n'est pas recommandé de se promener avec son chien. Il pourrait se dresser contre un ours et provoquer une attaque. Un chien non tenu en laisse pourrait même rabattre un ours vers vous.

COMMENT ÉCHAPPER À UN PUMA

1 **Ne courez pas.**
Selon toute probabilité, le fauve vous a déjà vu et senti. Courir ne ferait qu'attirer davantage son attention.

2 **Ouvrez les pans de votre veste pour paraître plus imposant.**
En principe, le puma s'attaque moins facilement à un animal plus gros que lui.

3 **Ne vous allongez pas à terre.**
Gardez votre position, agitez les mains et criez. Signifiez-lui que vous êtes capable de vous défendre.

4 **Si vous avez de jeunes enfants avec vous, prenez-les dans vos bras – ne négligez rien pour paraître plus grand et plus gros.**
Les enfants, qui bougent sans arrêt et ont des voix plus aiguës, sont plus exposés que les adultes.

5 **Reculez lentement ou attendez que le fauve s'en aille.**
Dès que possible, signalez la présence du puma aux autorités.

6 **Si le puma a un comportement agressif, lancez-lui des pierres.**
Faites-lui comprendre que vous n'êtes pas une proie et que vous représentez un danger potentiel.

Si vous apercevez un puma, ne vous enfuyez pas. Ne vous allongez pas à terre. Essayez de paraître plus volumineux en écartant les pans de votre veste.

7 **S'il attaque, rendez coup pour coup.**
La plupart des pumas ne sont pas si grands qu'un homme de taille moyenne ne puisse en venir à bout avec des coups bien assenés. Frappez l'animal à la tête, visez les yeux et la gueule, avec un bâton, avec vos poings, tout ce qui vous tombera sous la main. Ne vous baissez pas, ne faites pas le mort. Le puma se jette sur sa proie lorsqu'elle est à terre pour lui donner le coup de grâce : une morsure fatale à la nuque. Sa technique consiste à briser la nuque de la victime, puis à la jeter à terre ; il peut aussi lui sauter à la gorge, la terrasser et la traîner par le cou sans desserrer l'étau de ses mâchoires. Protégez votre nuque et votre gorge à tout prix.

COMMENT ÉVITER UNE ATTAQUE

Les pumas, également appelés cougouars, sont réputés pour s'attaquer aux humains sans même que ceux-ci les aient provoqués. Les plus agressifs ont déjà attaqué des promeneurs, plus particulièrement des petits enfants, les blessant grièvement. Toutefois, la plupart des pumas évitent l'homme. Afin de minimiser les risques de mauvaise rencontre si vous vous promenez dans une région fréquentée par les cougouars, évitez de vous trouver seul et ne sortez ni au crépuscule ni à l'aube – à l'heure où les pumas sont en chasse.

COMMENT LUTTER CONTRE UN ALLIGATOR

1 **Si vous êtes sur la terre ferme, essayez de monter à califourchon sur le dos de l'alligator et appuyez-lui sur le cou.**
Cela le forcera à baisser la tête… et les mâchoires.

2 **Couvrez les yeux de l'alligator.**
En principe, ça le calme un peu.

3 **S'il vous attaque, répliquez en visant les yeux et le nez.**
Et ce à l'aide de n'importe quelle arme, y compris vos poings.

4 **S'il a refermé les mâchoires sur un objet auquel vous tenez (un bras ou une jambe, par exemple), frappez-le, au besoin avec le poing, sur le museau.**
Souvent, les alligators ouvrent la gueule quand on leur donne une petite tape sur le museau et ils laissent échapper ce qu'ils tiennent entre leurs mâchoires.

5 **Si l'alligator vous prend dans ses mâchoires, il faut l'empêcher de vous secouer ou de vous faire rouler – ce qu'il fait instinctivement et qui risquerait de vous infliger de sérieuses blessures.**
Essayez de lui garder la gueule bien fermée pour qu'il ne commence pas à vous secouer en tous sens.

6 **Consultez immédiatement un médecin, même pour une écorchure ou une petite contusion, afin de prévenir l'infection.**
La gueule des alligators renferme une quantité incroyable de microbes pathogènes.

Pour faire lâcher à un alligator ce qu'il tient dans la gueule, tapez-lui sur le museau.

COMMENT ÉVITER DE SE FAIRE ATTAQUER

Alors qu'aux États-Unis les alligators causent rarement la mort d'hommes, en Afrique, les crocodiles du Nil, en Asie et en Australie, ceux de l'Inde et du Pacifique, sont responsables de milliers d'accidents et de centaines de morts. Quelques recommandations à ne pas oublier.

- Ne nagez pas et ne pataugez pas dans l'eau dans les régions infestées d'alligators (en Floride par exemple).

- Ne nagez pas et ne marchez pas dans l'eau si vous êtes seul et examinez toujours bien les lieux avant de vous y aventurer.
- Ne donnez jamais de nourriture aux alligators.
- Ne laissez pas pendre votre bras ou votre jambe hors du bateau, évitez de jeter des appâts inutilisés, ou du poisson, d'un quai ou d'un bateau.
- Ne provoquez pas un alligator, n'essayez pas de le toucher ni de le capturer.
- Ne touchez pas aux œufs ni aux bébés alligators. Tout alligator adulte répondra immédiatement au signal de détresse émis par un petit. Les mères qui gardent les nids et les jeunes sont prêtes à attaquer pour les défendre.
- Dans la majorité des cas, les alligators qui attaquent sont ceux qui ont été nourris par l'homme auparavant, comme si ce fait les avait rendus plus agressifs en abolissant leur peur des humains.

COMMENT ÉCHAPPER AUX ABEILLES TUEUSES

1 **Si les abeilles commencent à tournoyer autour de vous ou à vous piquer, ne vous immobilisez pas.**
Sauvez-vous en courant ; essayer d'écraser les abeilles ne réussit qu'à les énerver davantage.

2 **Mettez-vous à l'abri dès que possible.**

3 **Si vous ne trouvez pas de refuge, courez à travers des buissons ou des herbes hautes.**
Là, vous serez un peu protégé.

4 **Si une abeille vous pique, elle laissera son dard dans votre peau.**
Ôtez le dard en grattant avec un ongle, avec un mouvement de va-et-vient. Ne pincez pas la peau à l'endroit de la piqûre, ne tirez pas non plus sur le dard – le venin contenu dans le dard risquerait de s'écouler complètement et de se répandre davantage. Mais ne gardez pas le dard dans la peau : le venin peut continuer à s'épancher dans votre corps pendant dix minutes.

5 **Ne sautez pas dans une piscine ou toute autre étendue d'eau : les abeilles vous attendront vraisemblablement quand vous referez surface.**

LES RISQUES D'ATTAQUE

L'abeille d'Afrique est parente de l'abeille domestique mellifère, présente aux États-Unis depuis des siècles. Plusieurs morts par piqûre d'abeille d'Afrique ont été

Si les abeilles commencent à tourner autour de vous et/ou à vous piquer, NE VOUS immobilisez pas, NE LEUR TAPEZ PAS DESSUS.

Courez. Si vous ne trouvez pas d'abri, courez vous réfugier dans des buissons ou des hautes herbes.

Si vous êtes piqué, ôtez le dard en grattant la piqûre d'un mouvement latéral. Ne pincez pas l'endroit piqué.

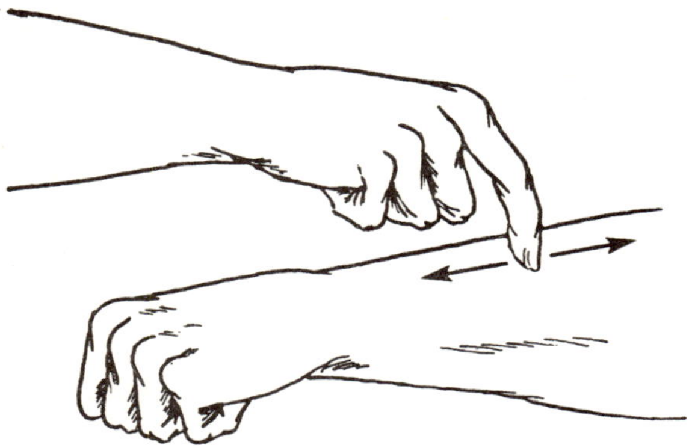

recensées depuis quelques années. Les abeilles d'Afrique sont considérées comme sauvages ; facilement perturbées par la présence des humains ou des animaux, elles peuvent devenir agressives.

Les essaims se forment principalement au printemps et en automne, quand la colonie entière se déplace pour construire une nouvelle ruche. Les abeilles se déplacent en très grand nombre (ce sont les essaims) jusqu'à ce qu'elles aient trouvé un site propice. Dès que la colonie est installée et que les jeunes sont nées, les abeilles protègent la ruche · c'est à ce moment-là qu'elles piquent.

Alors que les abeilles mellifères ne piquent que pour défendre leur ruche, il semble que les abeilles sauvages y prennent un malin plaisir. Ces abeilles sont des tueuses, leurs piqûres sont dangereuses, même pour les personnes qui ne sont pas allergiques aux piqûres d'abeille. Il existe plusieurs cas, isolés il est vrai,

d'animaux et d'humains morts des suites des piqûres de ces abeilles. Normalement, les abeilles domestiques ne vous poursuivent pas sur plus de 50 mètres. Mais les abeilles sauvages peuvent vous pourchasser sur près de trois fois cette distance.
La plupart du temps, on déplore des morts par piqûres lorsque les gens n'ont pas pu s'enfuir assez vite. Les mêmes ravages ont été constatés sur les animaux, pour les mêmes causes – souvent, les animaux de compagnie ou de ferme étaient attachés ou parqués quand ils ont été attaqués par un essaim et n'ont pu s'enfuir.

COMMENT MINIMISER LES RISQUES

- Bouchez les trous et les fissures dans les murs extérieurs, les cavités dans les troncs d'arbres pour empêcher les colonies d'abeilles de s'y fixer. Mettez des grilles de protection en haut des gouttières et sur les regards des compteurs d'eau.
- Ne dérangez pas une colonie d'abeilles : si l'essaim est en train de se fixer – ou est déjà installé – près de votre maison, laissez-le faire. Appelez le service de destruction des nuisibles pour faire intervenir qui de droit.

COMMENT FAIRE FACE À UN TAUREAU QUI CHARGE

1 **N'essayez pas de vous battre avec le taureau et restez immobile.**
En général, le taureau ne s'attaque pas à l'homme, sauf s'il devient furieux.

2 **Cherchez un point de repli autour de vous – chemin de traverse, refuge, éminence de terrain.**
Courir n'est pas la solution, sauf si vous pouvez mettre un obstacle entre l'animal et vous : une clôture que vous franchirez ou n'importe quel abri – le taureau court beaucoup plus vite que l'homme. Si vous avez repéré un refuge, courez-y à toute vitesse.

3 **S'il n'y a aucun abri à proximité, ôtez votre chemise, votre chapeau ou tout autre vêtement.**
Agitez-le pour détourner l'attention du taureau. Peu importe la couleur du vêtement : bien que les toréadors utilisent traditionnellement une étoffe rouge, le taureau réagit au mouvement et non à la couleur.

4 **Si le taureau charge, restez calme et jetez votre chemise ou votre chapeau à bonne distance.**
Le taureau devrait foncer sur l'objet que vous venez de jeter.

Si, face à un taureau qui charge, vous ne pouvez vous mettre à l'abri nulle part, ôtez votre chemise et jetez-la loin de vous. Le taureau changera de cible et foncera sur l'objet en mouvement.

SI VOUS VOUS TROUVEZ EN PRÉSENCE D'UN TROUPEAU EN DÉBANDADE

Face à un troupeau de taureaux ou de bovins quelconques, ne faites rien pour essayer de distraire les animaux. Repérez leur trajectoire et écartez-vous-en. Si vous ne pouvez pas vous enfuir, la seule solution est de courir à côté du troupeau pour éviter d'être piétiné. Les taureaux ne réagissent pas comme les chevaux et ne vous contourneront pas si vous êtes à terre. Il faut donc continuer à avancer.

COMMENT GAGNER UN COMBAT À L'ÉPÉE

Tenez toujours votre épée dans la position « de départ », soit à deux mains, devant vous, perpendiculaire au sol : de cette façon, vous pourrez déplacer facilement l'épée de droite à gauche et de haut en bas, afin de parer ou d'assener des coups. Maintenez toujours la pointe de l'épée selon un angle très aigu, dirigée légèrement vers votre adversaire. Imaginez que vous vous teniez dans l'encadrement d'une porte : vous devez être capable de frapper dans toutes les directions et de toucher rapidement tous les points du chambranle.

LA PARADE

1 **Montez vers l'adversaire et allez au-devant du coup, les bras le long du corps.**
Réagissez vivement, ne vous laissez pas aller à l'instinct, qui est de reculer. En allant au-devant de l'adversaire, vous pouvez neutraliser la portée d'un coup. Évitez d'étendre les bras, ce qui affaiblirait votre riposte.

2 **En défense, portez-vous toujours vers l'avant au lieu de simplement essayer d'amortir le coup avec votre épée.**
Si vous êtes visé à la tête, tenez votre épée au-dessus de votre tête, bien parallèle au sol. Bloquez l'épée adverse avec le fort de la lame, et non avec le faible. Portez-vous toujours vers l'adversaire, même si vous êtes en défense et non en attaque.

Comment dévier un coup

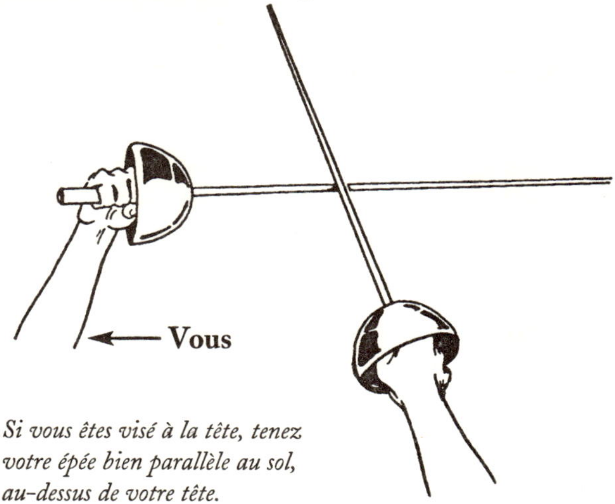

Si vous êtes visé à la tête, tenez votre épée bien parallèle au sol, au-dessus de votre tête.

Comment attaquer

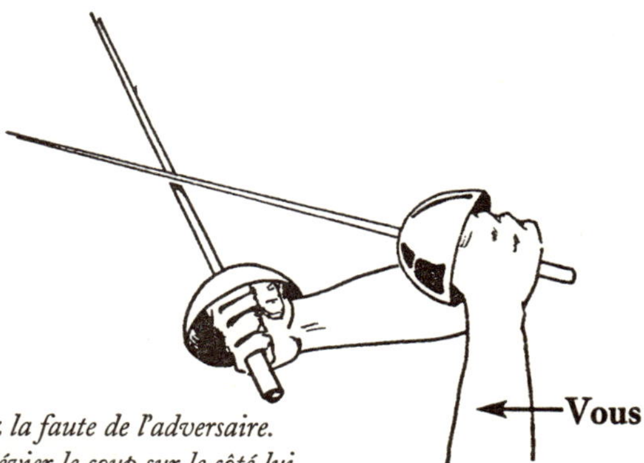

Guettez la faute de l'adversaire. Faire dévier le coup sur le côté lui fera perdre l'équilibre.

1 **Imprimez toujours à votre épée des mouvements précis et rapides de haut en bas et de gauche à droite.**
À supposer que vous deviez désarmer votre assaillant, n'essayez pas de le toucher avec la pointe de votre épée. Ce mouvement, en vous projetant vers l'avant, vous ferait perdre l'équilibre et vous rendrait vulnérable à la contre-attaque.

2 **Ne levez pas l'épée au-dessus de votre tête et en arrière pour assener un grand coup – vous risquez fort de finir avec une épée dans le ventre.**

3 **Ne quittez pas la position, allez au-devant des coups pour vous couvrir et touchez rapidement.**

4 **Guettez la faute de l'adversaire.**
Vous porter au-devant du coup ou le faire dévier sur le côté déstabilisera votre assaillant. Dès qu'il aura perdu l'équilibre, vous pourrez profiter de ce moment de faiblesse pour lui porter un coup qui le mettra hors combat. Souvenez-vous de ne pas piquer avec votre épée, mais de frapper de haut en bas et de gauche à droite.

COMMENT ENCAISSER UN COUP DE POING

SI VOUS RECEVEZ UN COUP AU VENTRE

1 **Contractez les abdominaux.**
Un coup au ventre (au plexus solaire) peut léser sérieusement les organes, voire tuer. Ce type de coup est un des plus sûrs moyens (et des plus faciles) de mettre quelqu'un à terre. (Harry Houdini est mort d'un coup assené par surprise à l'abdomen.)

2 **Ne rentrez pas le ventre si vous sentez que vous allez recevoir un coup.**

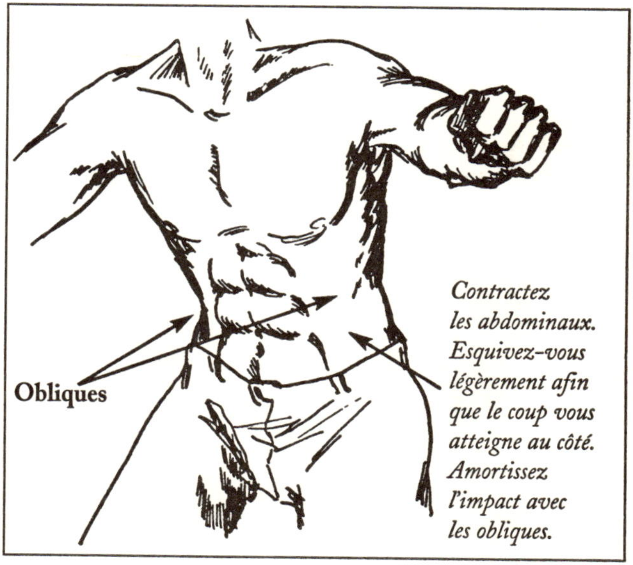

3 **Si possible, esquivez-vous légèrement pour que le coup vous atteigne sur le côté, mais ne fléchissez pas et n'essayez pas de reculer.**
Tentez d'amortir l'impact du coup avec les obliques (l'ensemble des muscles qui enveloppent les côtes). Si un coup reçu à cet endroit peut briser une côte, il causera vraisemblablement moins de dégâts aux organes internes.

SI VOUS RECEVEZ UN COUP À LA TÊTE

1 **Allez au-devant du coup, ne reculez pas.**
Si vous reculez, le coup heurtera votre tête de plein fouet. Un coup en plein visage peut faire bouger le cerveau à l'intérieur du crâne et créer des dommages irréversibles, voire la mort.

2 **Contractez les muscles du cou et serrez les mâchoires pour éviter de vous "démolir" les omoplates.**

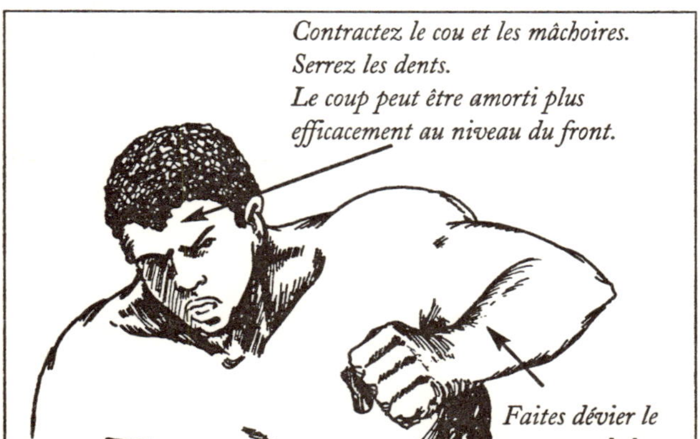

LE COUP DROIT

1 **C'est celui qui arrive directement en face : la meilleure parade consiste à se porter au-devant du coup.**
La puissance de l'impact s'en trouvera amoindrie.

2 **Un coup amorti avec le front causera moins de dégâts.**
Essayez de ne pas recevoir le coup sur le nez, c'est un endroit très douloureux.

3 **Tâchez de faire dévier le coup avec le bras.**
Aller au-devant du coup peut faire dévier la trajectoire du côté opposé.

4 **Facultatif : ripostez par un coup de côté ou un uppercut.**

LE COUP DE CÔTÉ

1 **Serrez les maxillaires.**
Un coup sur l'oreille est très douloureux et peut vous briser la mâchoire.

2 **Approchez-vous de votre assaillant.**
Essayez de recevoir le coup « en douceur » derrière votre tête.

3 **Facultatif : ripostez par un uppercut.**

L'UPPERCUT

1 **Serrez les muscles du cou et les maxillaires.**
Un uppercut, en projetant violemment votre tête en arrière, peut faire de gros dégâts et vous fracturer aisément la mâchoire et le nez.

2 **Servez-vous de votre bras pour amortir un peu la puissance de l'impact ou pour dévier le coup sur le côté – faites tout votre possible pour atténuer la violence d'un direct à la mâchoire.**

3 **N'allez jamais au-devant d'un uppercut.**
Si possible, détournez la tête sur le côté.

4 **Facultatif : ripostez par un coup droit au visage ou un uppercut.**

CHAPITRE 3

SAUTS DANS L'INCONNU

COMMENT PLONGER DANS UNE RIVIÈRE DU HAUT D'UN PONT OU D'UNE FALAISE

Lorsqu'on est contraint, en cas d'urgence, de sauter dans une rivière d'une très grande hauteur (plus de 6 mètres), on ne prête guère attention à l'environnement ni à la profondeur de l'eau. Ce qui rend le saut particulièrement dangereux.

Si vous devez sauter du haut d'un pont dans une rivière ou autre voie navigable, efforcez-vous de plonger dans le chenal – la partie la plus profonde de la rivière – où les bateaux passent sous le pont. Ce chenal est en général au centre du fleuve, éloigné des rives.

Écartez-vous des piles du pont : quand vous plongerez, vous risquez d'être blessé par des débris accumulés à leur base.

Après avoir refait surface, nagez immédiatement vers la rive.

Technique de saut

1 **Sautez les pieds en avant.**

2 **Gardez le corps rigoureusement vertical.**

3 **Ayez les pieds joints.**

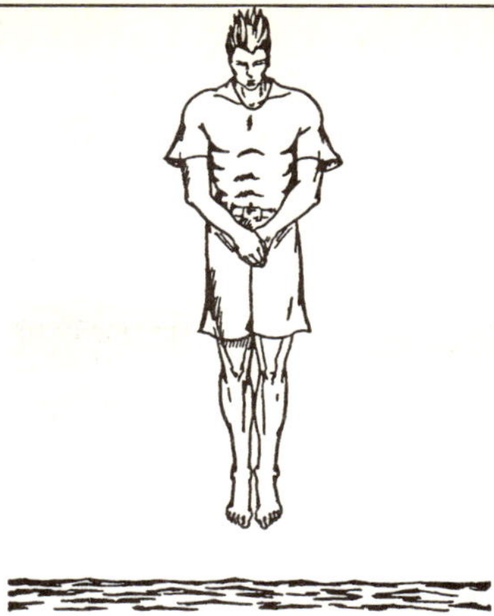

Sautez les pieds en avant, en position debout.
Joignez les pieds, contractez le dos
et protégez votre bas-ventre.

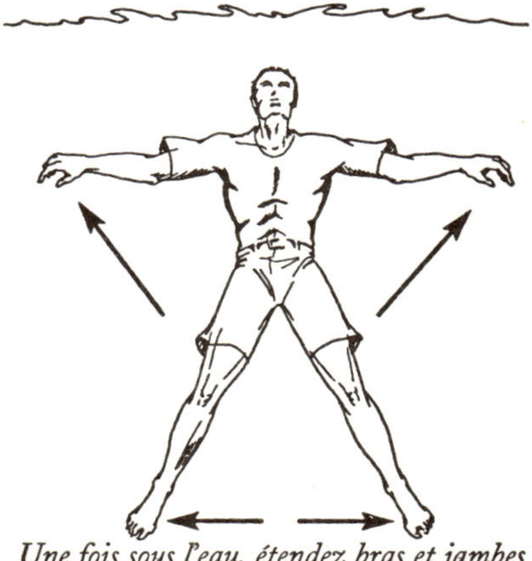

Une fois sous l'eau, étendez bras et jambes
et remuez-les d'avant en arrière, ce qui amortira
votre plongeon. Essayez de ralentir
le plus possible votre descente.

4 **Entrez dans l'eau par les pieds, fessiers contractés.**
Faute de quoi l'eau pourrait causer de sérieuses lésions internes en pénétrant dans votre organisme.

5 **Protégez votre bas-ventre en le couvrant de vos mains.**

6 **Immédiatement après avoir touché l'eau, écartez bras et jambes au maximum en les agitant d'avant en arrière pour opposer une résistance à la pression de l'eau et ralentir votre plongeon.**
Pensez toujours qu'il n'y a pas assez d'eau et que vous risquez de toucher le fond.

Recommandations

- En sautant comme nous venons de le voir, vous aurez la vie sauve, mais vous risquez de vous casser les jambes.
- Si votre corps n'est pas parfaitement droit, vous pouvez vous briser le dos en heurtant l'eau. Restez à la verticale jusqu'à ce que vous touchiez l'eau.
- Surtout, ne plongez pas la tête la première, à moins d'être absolument certain qu'il y ait au moins 6 mètres de fond. Si vos jambes touchent le fond, elles se casseront. Si votre tête touche le fond, c'est votre crâne qui se brisera.

COMMENT SAUTER DU HAUT D'UN IMMEUBLE DANS UN CONTENEUR

COMMENT SAUTER

1 **Sautez tout droit.**
Si vous sautez d'un angle de l'immeuble, votre trajectoire va vous faire manquer le conteneur. Résistez à votre tendance naturelle à prendre de l'élan.

2 **Rentrez la tête et pliez les jambes vers votre buste.**
Tout en exécutant ce mouvement durant la chute, faites un quart de tour sur vous-même – une culbute presque complète. C'est la seule méthode pour atterrir sans dommage, c'est-à-dire sur le dos.

3 **Visez le centre du conteneur ou de la benne à ordures (pleine).**

4 **Atterrissez à plat dos de façon que votre corps se replie et que vos pieds et vos mains se rejoignent.**
Quand on touche n'importe quelle surface après une chute d'une grande hauteur, le corps se plie en V. Atterrir sur le ventre peut briser la colonne vertébrale.

1. Sautez tout droit.
2. Rentrez la tête et repliez les jambes, culbutez aux trois quarts.
3. Visez le centre du conteneur et atterrissez à plat dos.

Recommandations

- Si l'immeuble possède des escaliers de secours extérieurs ou autres proéminences, calculez votre saut de façon à les éviter. Pour ce faire, visez une cible assez écartée de la façade de l'immeuble.
- Il se peut que le conteneur soit rempli de briques ou d'autres objets inadéquats. Il est tout à fait possible de survivre à une chute de plus de cinq étages si l'on a la chance de tomber dans une benne remplie de matériaux appropriés (du carton par exemple) et si l'on atterrit dans la bonne position.

COMMENT ENTRER DANS UN TRAIN EN MARCHE QUAND ON SE TROUVE SUR LE TOIT

1 **N'essayez pas de vous tenir debout sur le toit (de toute façon, vous n'y parviendrez sans doute pas).**
Penchez-vous légèrement en avant, dans le vent. Si le train va à plus de 50 kilomètres-heure, vous aurez du mal à garder votre équilibre et à résister à la force du vent. La meilleure méthode consiste à vous mettre à quatre pattes jusqu'à ce que vous ayez la possibilité de descendre.

2 **Si le train aborde un virage, mettez-vous à plat ventre ; n'essayez pas de garder votre équilibre.**
Si le pourtour du wagon est pourvu de rainures pour évacuer l'eau, agrippez-vous à elles.

3 **Si le train approche de l'entrée d'un tunnel, mettez-vous à plat ventre sans attendre.**
En fait, il y a un peu d'espace entre le toit du train et le sommet du tunnel – 90 centimètres environ –, pas assez toutefois pour se tenir debout. Ne pensez pas pouvoir marcher ou ramper jusqu'à l'extrémité du wagon pour y pénétrer avant d'atteindre le tunnel ; vous n'y parviendrez sans doute pas.

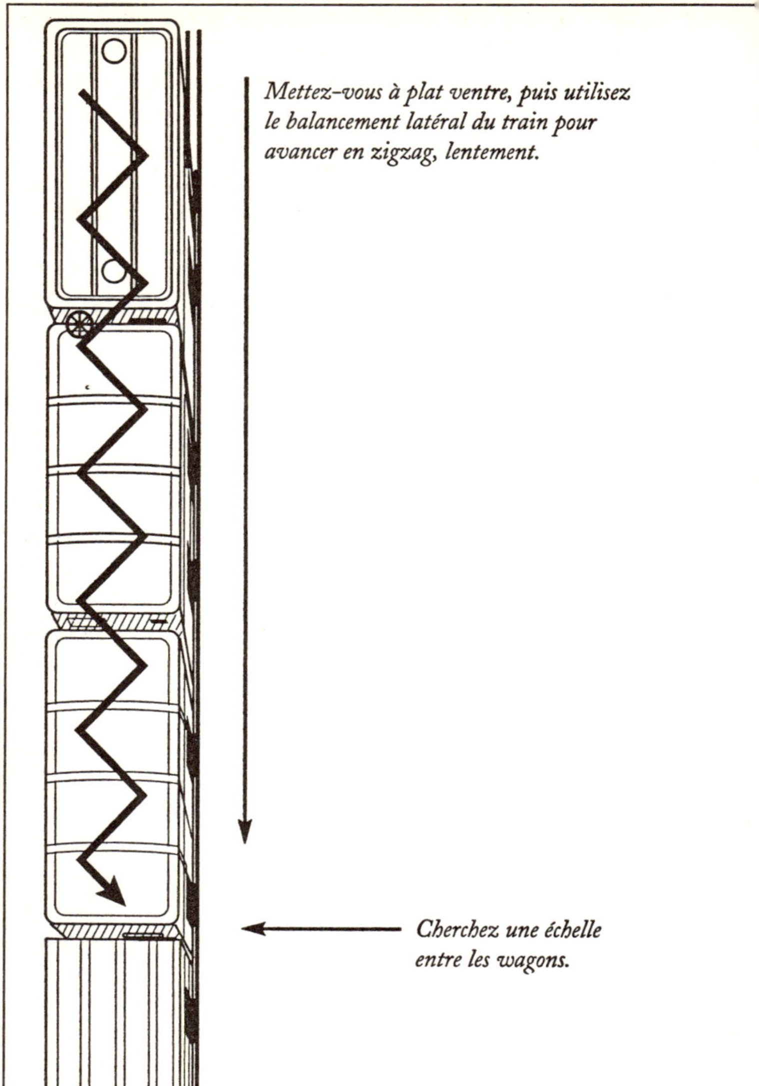
Mettez-vous à plat ventre, puis utilisez le balancement latéral du train pour avancer en zigzag, lentement.
Cherchez une échelle entre les wagons.

4 **Accompagnez le balancement du train avec votre corps, latéralement et en avant.**
N'avancez pas en ligne droite. Écartez les pieds de 1 mètre environ et progressez en ligne brisée.

5 **Une fois que vous aurez trouvé l'échelle (elle est accrochée à la verticale entre deux voitures), descendez rapidement.**
Il est peu vraisemblable que vous trouviez une échelle sur le côté d'un wagon. Ça ne se voit qu'au cinéma, pour rendre l'acrobatie plus palpitante.

Recommandations

Les dimensions et les formes d'un convoi de marchandises sont susceptibles de varier considérablement d'une voiture à l'autre. Ce qui peut rendre l'exploit plus aisé ou plus difficile. Un fourgon de 3,60 mètres de haut peut côtoyer un wagon à toit plat ou arrondi. Si vous vous trouvez sur ce type de train, vous avez intérêt à descendre le plus vite possible. Ne vous risquez pas à sauter d'un wagon à l'autre.

COMMENT SAUTER D'UNE VOITURE EN MARCHE

Se jeter d'une voiture en marche ne doit être envisagé qu'en ultime recours, par exemple si les freins ont lâché et que vous roulez tout droit vers une falaise ou un train.

1 **Serrez le frein à main.**
Ça n'arrêtera pas le véhicule, mais il ralentira suffisamment pour que vous puissiez sauter en marche.

2 **Ouvrez la portière de la voiture.**

3 **Assurez-vous que vous ne serez pas sur la trajectoire du véhicule après avoir sauté.**
Votre corps va se trouver projeté à la même vitesse que celle de la voiture, dans la même direction, et vous allez suivre la même trajectoire. Si la voiture va tout droit, essayez de sauter selon l'angle le plus large possible (calculez l'angle de votre chute de façon à vous écarter le plus possible du véhicule).

4 **Rentrez la tête et les membres.**

5 **Visez une surface recouverte d'herbe, de buissons ou de brindilles – tout sauf du pavé, ou un arbre.**
Les cascadeurs ont des protections et atterrissent dans des aires de sable. Sans avoir ce luxe, choisissez un terrain un peu souple pour atténuer le choc quand vous tomberez.

6 **Quand vous heurterez le sol, laissez-vous rouler.**

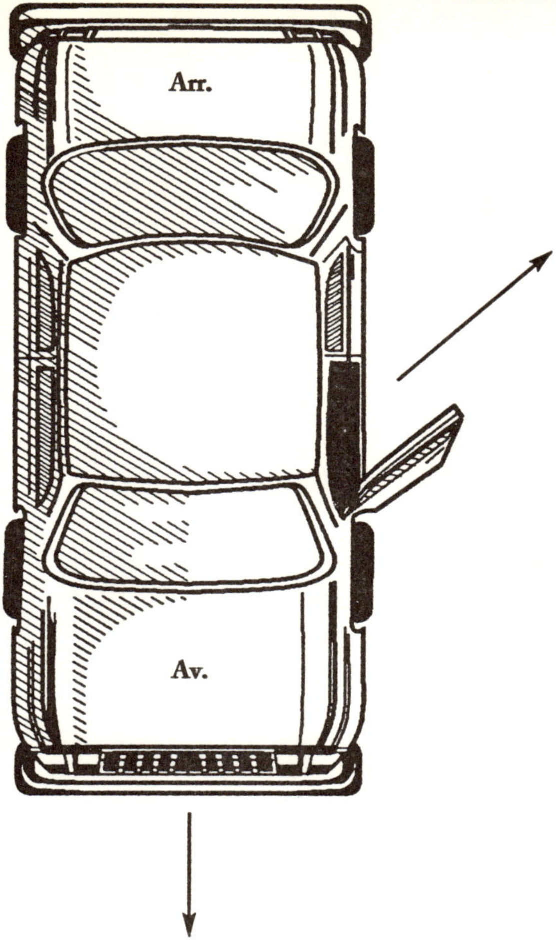

Dès que vous avez serré le frein à main et que la voiture a ralenti, ouvrez la portière.
Sautez en suivant l'angle le plus large possible.

COMMENT SAUTER DANS UNE VOITURE EN MARCHE DEPUIS UNE MOTO

Si vous avez l'intention d'entrer dans une voiture par la fenêtre, n'oubliez pas que dans la plupart des voitures récentes, seules les vitres des portières avant s'ouvrent jusqu'en bas. Il est donc préférable de viser le siège passager.

1 **Portez un casque d'excellente qualité, un blouson, un pantalon de cuir et des bottes.**

2 **Assurez-vous que les deux véhicules roulent à la même vitesse.**
Moins la vitesse est élevée, moins l'opération est risquée. À plus de 100 kilomètres-heure, elle devient extrêmement dangereuse.

3 **Attendez d'avoir une longue ligne droite devant vous.**

4 **Approchez-vous le plus près possible de la voiture.**
En vous approchant du côté passager, vous frôlerez le bas-côté de la route. Attention à l'accident.

5 **Accroupissez-vous en posant les pieds sur le tableau de bord ou sur le siège.**

6 **Ne lâchez les manettes qu'au dernier moment.**
Dès que vous les aurez lâchées, la vitesse de la moto augmentera.

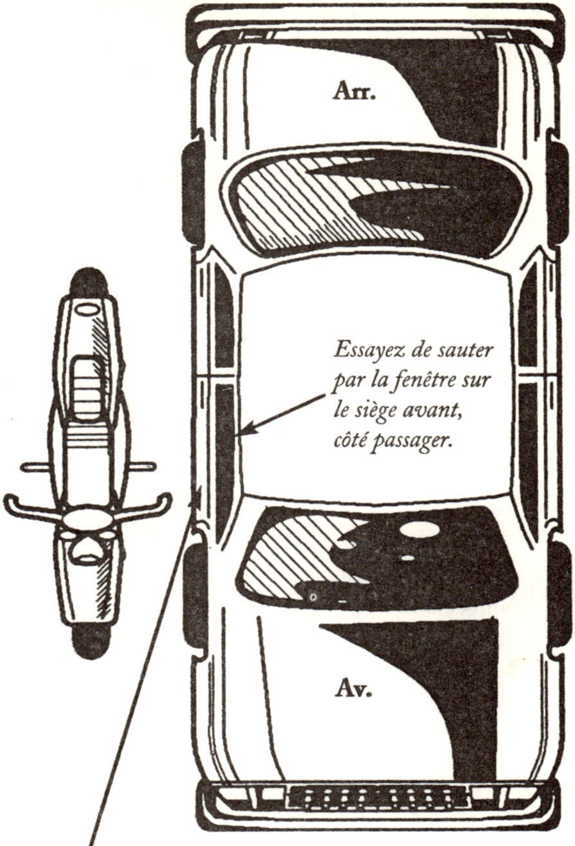

Attrapez la poignée à l'intérieur de la voiture. Assurez-vous que la vitre est baissée, et roulez à la même vitesse que la voiture. Approchez-vous le plus possible.

85. *comment sauter dans une voiture en marche depuis une moto*

7 **Si la portière possède une poignée intérieure, saisissez-la de votre main libre.**
Si ce n'est pas le cas, calculez votre coup pour passer le buste par la fenêtre. Si quelqu'un peut vous agripper pour vous tirer à l'intérieur, c'est encore mieux.

8 **Dès que vous serez à bord, obligez le conducteur à s'écarter rapidement de la moto.**
Quand vous aurez lâché le guidon, la moto, incontrôlée, ira s'écraser. Il se peut qu'elle glisse sous la roue arrière de la voiture, côté passager.

9 **Si vous avez raté la fenêtre, mettez-vous en boule et roulez le plus loin possible des véhicules (voir page 82, « Comment sauter d'une voiture en marche »).**

Recommandations

Cette acrobatie est plus facile à réaliser à deux, de façon qu'il reste un conducteur pour la moto.
Au cinéma ou lors de démonstrations, cette cascade est réalisée à faible vitesse et on utilise souvent un marchepied de métal fixé sur la voiture ou sur la moto, ce qui permet au conducteur de la moto de maintenir l'équilibre de son engin tout en sautant.

CHAPITRE 4

URGENCES

COMMENT FAIRE UNE TRACHÉOTOMIE

On a recours à ce procédé, dont le nom médical est « crico-thyroïdotomie », lorsqu'une personne a la gorge obstruée et ne peut pas respirer du tout – c'est-à-dire qu'elle n'émet aucun son : ni hoquet ni toux – et seulement si la méthode de Heimlich s'est révélée inefficace au bout de trois tentatives. Si possible, faites appeler un médecin pendant que vous opérez.

Matériel nécessaire

- Une trousse de première urgence, si possible.
- Une lame de rasoir ou un couteau très pointu.
- Une paille (deux conviendraient mieux) ou un stylo à bille (ôtez la pointe et la recharge d'encre).
  Si vous n'avez ni l'un ni l'autre, prenez du papier rigide ou du carton et roulez-le. En principe, une bonne trousse de première urgence contient un tube pour la trachéotomie.

Vous n'aurez pas le temps de stériliser les instruments, mais ça n'a aucune importance, c'est le cadet de vos soucis pour l'instant.

Marche à suivre

1 **Localisez la pomme d'Adam (le cartilage de la thyroïde) de la personne en passant le doigt sur la gorge.**

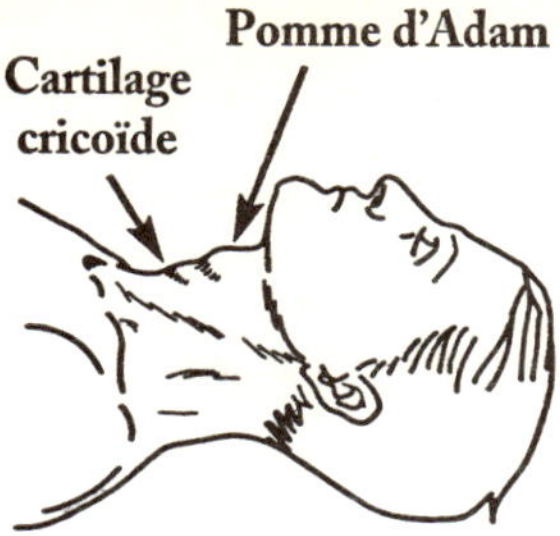

Cherchez l'échancrure entre la pomme d'Adam et le cartilage cricoïde.

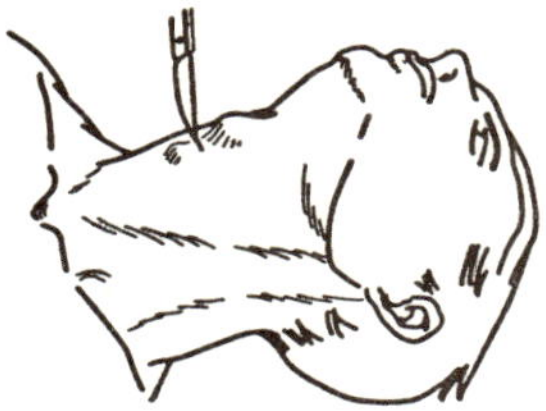

Faites une incision horizontale d'environ 1,5 cm et d'égale profondeur.

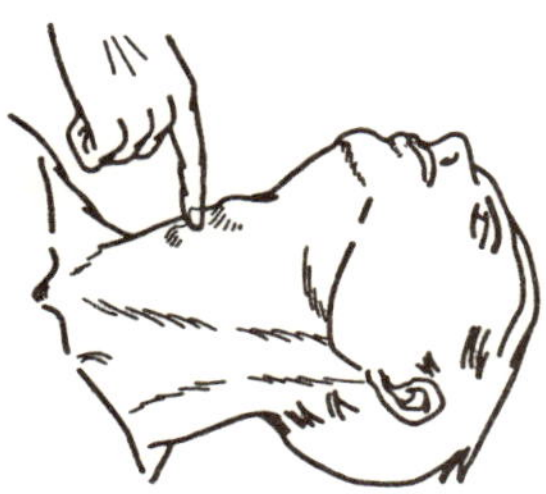

Pincez l'incision ou glissez votre doigt à l'intérieur pour qu'elle ne se referme pas.

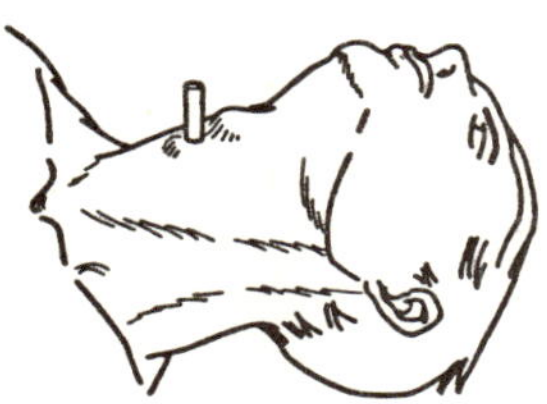

Insérez le tube dans l'incision, à 2 cm de profondeur environ.

2 **Continuez à passer le doigt sur la gorge, vous allez sentir une autre proéminence, environ 2,5 centimètres plus bas.**
C'est le cricoïde. L'échancrure entre les deux correspond à la membrane crico-thyroïde, où il va falloir inciser.

3 **À l'aide de la lame de rasoir ou du couteau, faites une entaille horizontale d'environ 1,5 centimètre.**
En profondeur, l'incision doit faire à peu près 1,5 centimètre. Ça ne devrait pas trop saigner.

4 **Pincez l'incision pour qu'elle ne se referme pas, ou glissez-y le doigt.**

5 **Enfoncez le tube de 2 centimètres environ.**

6 **Soufflez dans le tube deux fois, rapidement.**
Faites une pause de 5 secondes, puis continuez à souffler, une fois toutes les 5 secondes.

7 **La poitrine de la personne va se soulever et celle-ci reviendra à elle si vous avez opéré correctement.**
La personne devrait pouvoir respirer par elle-même, bien qu'avec quelque difficulté, jusqu'à l'arrivée des secours.

COMMENT UTILISER UN DÉFIBRILLATEUR CARDIAQUE

La défibrillation consiste à envoyer une forte secousse électrique au cœur.
Les premiers défibrillateurs étaient des appareils très lourds et coûteux, nécessitant une maintenance permanente, et seuls les hôpitaux en possédaient. À présent, on en trouve de plus en plus légers et mobiles. Il ne faut utiliser le défibrillateur qu'en cas de brusque arrêt cardiaque, problème qui ne peut être résolu par massage cardiaque manuel et bouche-à-bouche alternés.

COMMENT UTILISER UN DÉFIBRILLATEUR

1 **Appuyez sur le bouton vert pour mettre l'appareil en marche.**
La plupart des machines sont fournies avec un guide d'utilisation audiovisuel.

2 **Ôtez la chemise et les bijoux de la victime, puis appliquez les électrodes sur sa poitrine, en suivant les indications fournies avec l'appareil.**
Placez une plaque sur la partie supérieure droite de la poitrine, l'autre sur la partie gauche, plus bas.

3 **Branchez les fiches dans l'appareil.**
Le défibrillateur va analyser l'état du patient et déterminer si l'électrochoc est nécessaire. Ne touchez pas le patient pendant ce laps de temps.

Appliquez une électrode sur la partie supérieure droite de la poitrine du patient, l'autre plus bas, à gauche.

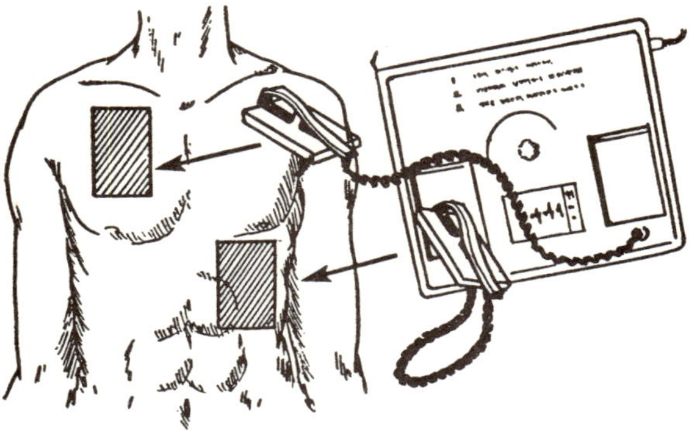

4 **Si la machine détermine qu'un choc est nécessaire, elle va vous demander – par signaux à la fois visuels et sonores – d'appuyer sur le bouton orange qui déclenche l'électrochoc.**
Ne touchez pas le patient après avoir appuyé sur le bouton orange. La machine va analyser automatiquement l'état du patient et vous indiquera si un second choc est nécessaire, auquel cas elle vous dira d'appuyer de nouveau sur le bouton orange.

5 **Vérifiez la respiration et le pouls du patient.**
Si son pouls bat, mais qu'il ne respire pas, pratiquez le bouche-à-bouche. Si son pouls ne bat pas, recommencez le processus de défibrillation.

Recommandations

Il ne faut avoir recours au défibrillateur qu'en cas de brusque arrêt cardiaque, c'est-à-dire quand les signaux électriques du cœur sont brouillés et que celui-ci cesse de fonctionner normalement. La personne victime d'un arrêt cardiaque va cesser de respirer, son pouls va ralentir, voire s'arrêter, et elle va perdre conscience.

COMMENT DÉTECTER UN COLIS PIÉGÉ

Une lettre ou un colis piégés peuvent être très dangereux et meurtriers. Mais à l'inverse d'une bombe, qui explose sans que rien n'ait pu le laisser prévoir, il est possible de les détecter. Voici comment on reconnaît un colis ou une lettre piégés. Fiez-vous aux indices décrits ci-dessous.

COMMENT DÉTECTER UNE LETTRE PIÉGÉE

1 **Si un coursier vous apporte une lettre volumineuse ou un paquet alors que vous n'attendez rien, palpez-le, sans appuyer, pour déceler des bosses ou des irrégularités.**
Examinez de près les paquets mal équilibrés.

2 **Une adresse ou une étiquette manuscrite est inhabituelle pour une société.**
Vérifiez que la société existe et que l'on vous a expédié un paquet ou une lettre.

3 **Méfiez-vous des colis fermés avec de la ficelle – avec les moyens modernes d'emballage, elle n'est plus guère utilisée.**

4 **Un affranchissement excessif sur un petit paquet peut signifier qu'il n'a pas été pesé par les services postaux.**
Aux États-Unis, il est désormais interdit de mettre à la boîte des colis timbrés pesant plus de 450 grammes. Il faut obligatoirement passer par un bureau de poste.

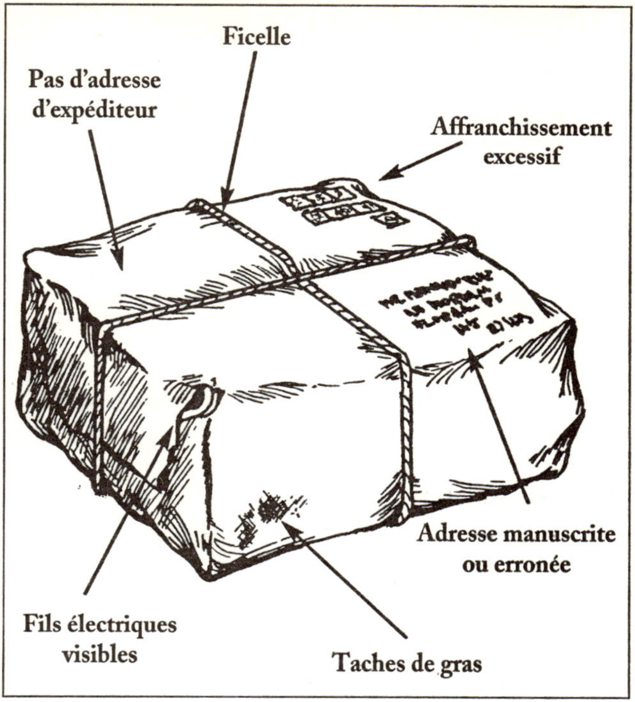

5 Regardez bien si le paquet est taché (soyez particulièrement attentif aux traces de gras), si des fils dépassent ou s'il y a trop de ficelle.

6 Si l'objet ne porte pas d'adresse d'expéditeur ou si l'adresse indiquée est fantaisiste, méfiez-vous.

Comment détecter une bombe

Les services gouvernementaux ont des méthodes bien précises de détection des bombes et autres explosifs. Voici la marche à suivre après une alerte à la bombe. Il faut une équipe de deux personnes.

1 **Divisez l'espace et définissez une hauteur.**
Examinez d'abord tous les objets qui sont dans la pièce, depuis le sol jusqu'au-dessus des meubles. Le haut de la pièce fera l'objet d'une investigation ultérieure.

2 **Commencez dos à dos et examinez le pourtour de la pièce, en vous rapprochant peu à peu l'un de l'autre.**

3 **Cherchez d'abord le long des murs, puis rapprochez-vous du centre de la pièce en décrivant des cercles concentriques.**

4 **Si vous découvrez un colis ou un objet suspects, n'y touchez pas. Appelez l'équipe de déminage.**

Moyens de détection

Il existe de nombreux moyens de détecter une bombe, comme les détecteurs de métaux et de gaz ou les machines à rayons X. Certains de ces appareils, portatifs et peu coûteux, sont accessibles aux particuliers.

Détecteur d'explosifs

- Il repère les constituants des explosifs modernes, aussi bien le TNT que la nitroglycérine.

- Il repère le RDX (C4, PE4, SX2, Semtex, Demex, Detasheet) ; le PETN (qui entre dans la composition de certains explosifs utilisés par l'armée et du Semtex) ; le TNT (trinitrotoluène) et la NG (nitroglycérine).
- Il utilise l'IMS (spectroscopie de la mobilité des ions) pour détecter les microparticules utilisées dans les explosifs. Un échantillon de la taille d'un nanogramme suffit pour la détection.
- Essuyez le matériau suspect avec un tissu ou un gant de coton. L'analyse dure environ trois secondes. Le dispositif visuel possède une lumière rouge et un graphique avec une échelle numérique des matériaux identifiés. Une alarme sonore peut être enclenchée au niveau souhaité par l'utilisateur.
- L'appareil fonctionne sur courant alternatif ou sur batterie.
- Son encombrement est d'environ 37,5 x 30 x 12,5 centimètres.

Détecteur portatif aux rayons X

- Cet appareil utilise une cassette de film Polaroid et un processeur qui donne des images radiographiques détaillées de l'intérieur des paquets.
- Il fonctionne sur courant alternatif ou sur batterie.
- Il suffit de braquer l'objectif sur le colis suspect et le processeur donnera les images du film.

Détecteur de bombe en spray

Cet aérosol portable s'utilise avec des lamelles de papier témoin qui décèlent à la fois le plastic et le TNT sur les paquets, les mains et les empreintes digitales. L'ensemble comprend les papiers témoins et deux aérosols, E et X.

Frottez le papier blanc sur la surface à analyser (valise, porte-documents, etc.) puis vaporisez avec l'aérosol E. En présence de TNT, le papier devient violet. Si aucune réaction ne se produit, vaporisez avec l'aérosol X. Si le papier vire immédiatement au rose, le paquet contient du plastic.
On peut aussi vaporiser directement les produits réactifs sur les lettres et les colis, le résultat est identique.

Détecteur de bombe radiocommandée

Cet appareil se place dans une voiture.
Il explore automatiquement les fréquences radio et émet dans un rayon de 1 kilomètre. Si un objet explosif radiocommandé se trouve dans cette zone, l'appareil le neutralise.

Recommandation

Tous les experts en explosifs insistent sur le fait que le maître mot en matière d'explosifs est la prudence. Votre meilleure chance de survie est de faire appel aux services spécialisés plutôt que d'avoir recours à ces appareils.

QUE FAIRE SI UNE DAME ACCOUCHE DANS UN TAXI

Avant d'essayer de mettre le bébé au monde, cherchez un bon hôpital. Il n'y a aucun moyen de prévoir le moment exact où le bébé va naître, donc, même si vous pensez que vous n'avez pas le temps de trouver un hôpital, vous vous trompez sûrement. Même la rupture de la poche des eaux ne signifie pas à coup sûr que la naissance est imminente. Les « eaux » sont en réalité le liquide amniotique dans lequel baigne le bébé : la naissance peut avoir lieu plusieurs heures après que la parturiente a perdu les eaux. En tout état de cause, qu'il soit trop tard ou que vous soyez pris dans des embouteillages et deviez procéder à l'accouchement, voici quelques conseils de base.

1 **Mesurez la fréquence des contractions utérines.**
Pour une primipare, lorsque les contractions sont espacées d'environ trois ou cinq minutes et durent de quarante à quatre-vingt-dix secondes – et deviennent de plus en plus fortes – pendant au moins une heure, le travail réel a vraisemblablement commencé (encore que cela puisse être trompeur). En principe, le bébé sortira tout seul, au moment voulu. Ayez des serviettes propres et sèches, une chemise ou du linge propre à portée de main.

Au moment où le bébé sort du ventre de la mère, guidez-le en soutenant la tête.

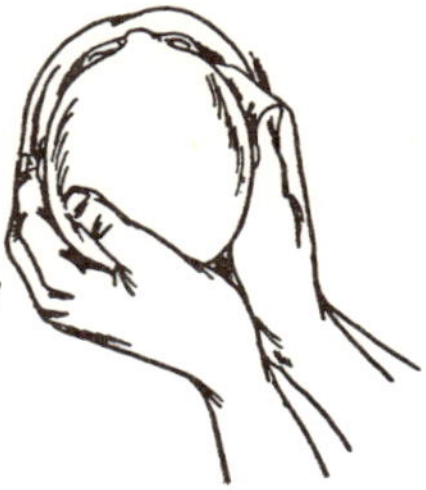

Soutenez le corps quand il sort.

Ne lui tapez pas dans le dos pour le faire pleurer ; le bébé respirera de lui-même.

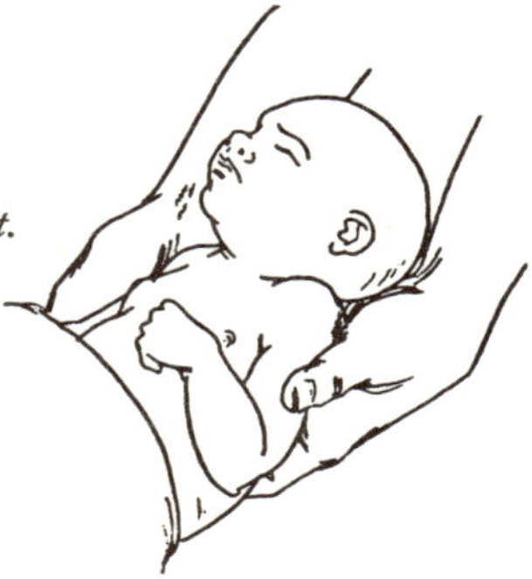

Après avoir séché le bébé, nouez le cordon ombilical avec une ficelle, à plusieurs centimètres du corps du bébé.
Laissez ainsi jusqu'à ce que le bébé soit arrivé à l'hôpital.

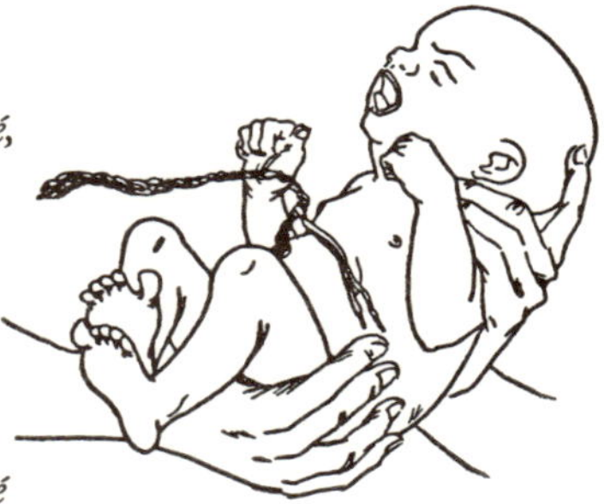

2 **Au moment où le bébé apparaîtra, sa tête – la partie la plus volumineuse – va distendre le vagin pour permettre au reste du corps de passer.**
(Si les pieds se présentent en premier, voir page suivante.) Au moment où le bébé sort du ventre de la mère, guidez-le en soutenant la tête, puis le reste du corps.

3 **Dès que le bébé est sorti, séchez-le et tenez-le au chaud.**
Ne tapez pas dans son dos pour le faire pleurer ; le bébé respirera de lui-même. Si nécessaire, dégagez sa bouche avec vos doigts si elle est obstruée.

4 **Nouez le cordon ombilical.**
Prenez un bout de ficelle (un lacet de chaussure peut très bien faire l'affaire) et nouez le cordon, assez loin du corps du bébé (plusieurs centimètres).

5 **Il n'est pas nécessaire de couper le cordon ombilical, à moins que vous ne soyez à des heures de route de l'hôpital.**
Si c'est le cas, faites un autre nœud plus près de la mère et coupez le cordon entre les deux nœuds. Ne touchez plus au cordon jusqu'à votre arrivée à l'hôpital. Le morceau relié au bébé tombera de lui-même. Le placenta sortira après le bébé, de trois à trente minutes plus tard.

Que faire si le bébé se présente par les pieds

Il arrive que le bébé se présente par le siège ou par les pieds. C'est la complication la plus courante de l'accouchement. Étant donné que la tête est la partie la plus volumineuse, le danger, si les pieds se présentent d'abord, est que le col de l'utérus ne soit pas assez dilaté pour permettre le passage de la tête par la suite. Aujourd'hui, on pratique des césariennes pour les accouchements par le siège, opération que vous ne serez évidemment pas en mesure de faire. Si vous n'avez absolument aucune autre solution (ni médecin, ni sage-femme, ni hôpital à proximité), au moment où le bébé se présente, essayez de le faire sortir par les pieds. S'il se présente par le siège, cela ne signifie pas forcément que la tête ne passera pas, même s'il y a un risque. Reportez-vous alors aux indications ci-dessus pour faire sortir le bébé.

COMMENT SOIGNER UNE GELURE

Une gelure résulte du gel des molécules d'eau dans les cellules de la peau, par très basses températures. Elle se caractérise par l'aspect blanc cireux de la peau, qui devient dure et insensible. Dans les cas les plus graves, celle-ci prend une couleur bleu foncé, et la gangrène peut alors survenir, nécessitant l'amputation. Ce sont les doigts et les orteils qui sont généralement atteints, ainsi que le nez, les oreilles et les joues. Une gelure doit être traitée par un médecin. Toutefois, en cas d'urgence, suivez les recommandations ci-après.

1 **Ôtez les vêtements mouillés et mettez la partie atteinte au sec et au chaud.**

2 **Plongez les zones touchées dans l'eau chaude (37 °) ou appliquez des compresses chaudes pendant une demi-heure.**

3 **Si vous n'avez pas d'eau chaude, enveloppez doucement les parties malades dans une couverture chaude.**

4 **Évitez le contact direct avec la chaleur, réchaud électrique ou à gaz, plaques chauffantes ou bouillottes trop chaudes.**

5 **Ne dégelez jamais la partie touchée s'il subsiste un risque qu'elle regèle ; les tissus pourraient être sérieusement lésés.**

6 **Ne frictionnez pas une peau gelée, ne la frottez pas avec de la neige.**

7 **Prenez ou faites prendre un analgésique (aspirine), pour atténuer la douleur due au réchauffement.**
Le réchauffement s'accompagne d'une sensation d'intense brûlure. La peau risque de cloquer, les tissus d'enfler et de prendre une couleur rouge, bleue ou violette. Lorsque la peau rosit et que la sensibilité revient, la partie atteinte est dégelée.

8 **Appliquez un pansement stérile sur les parties atteintes.**
Placez les bandes stériles entre les orteils ou les doigts s'ils sont touchés. Essayez de ne pas heurter les ampoules, enveloppez les zones réchauffées pour qu'elles ne se refroidissent pas et demandez au patient de bouger le moins possible les zones dégelées.

9 **Faites appel à un médecin dès que possible.**

Après que vous aurez tamponné la peau avec des compresses d'eau chaude, la sensibilité va revenir et la douleur avec. Placez des compresses stériles sur les parties atteintes, entre les orteils ou les doigts gelés.

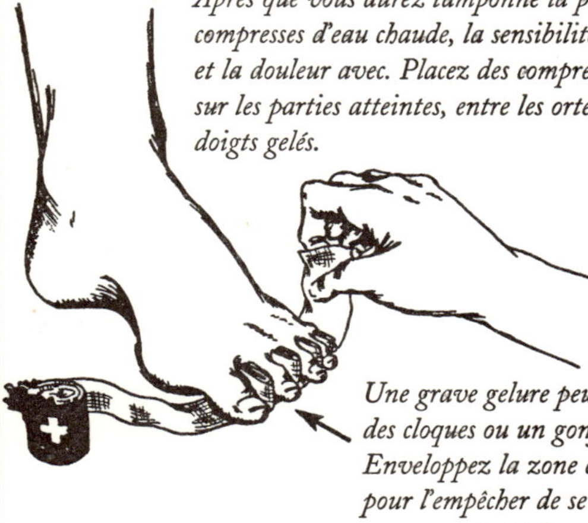

Une grave gelure peut causer des cloques ou un gonflement. Enveloppez la zone concernée pour l'empêcher de se refroidir de nouveau et appelez un médecin.

Soigner une engelure

L'engelure est le premier signe avant-coureur d'une brûlure due au froid : elle se caractérise par l'engourdissement et la pâleur des zones concernées. On peut sans danger la soigner à la maison.

1 **Ôtez les vêtements humides.**

2 **Immergez ou humidifiez les parties atteintes avec de l'eau chaude (37 °).**

3 **Ne laissez pas le patient surveiller lui-même la température, les zones gelées sont insensibles et il pourrait se brûler.**

4 **Poursuivez le traitement jusqu'à ce que la peau rosisse et que la sensibilité revienne.**

Comment prévenir onglée et gelure

- Par temps froid, couvrez bien vos extrémités et ne les laissez pas refroidir.
- Portez des vêtements fourrés et un masque pour le visage.
- Préférez les mitaines aux gants et ne découvrez pas vos oreilles.
- Faites régulièrement des pauses pour vous réchauffer les extrémités.

COMMENT SOIGNER UNE FRACTURE DE LA JAMBE

Les blessures les plus fréquentes de la jambe sont les entorses, mais elles se traitent de la même façon que les fractures.

1 **Si la peau est entamée, ne touchez pas la blessure, ne posez rien dessus.**
Il faut éviter l'infection. Si la blessure saigne abondamment, essayez de stopper l'hémorragie en appliquant une pression constante avec un pansement stérile ou un linge propre.

2 **Ne bougez pas la jambe blessée, il faut clisser le membre pour l'immobiliser.**

3 **Confectionnez des attelles avec deux objets rigides et de même longueur – bois, plastique ou carton fort plié.**

4 **Disposez les attelles comme suit : l'une dessous, l'autre sur la jambe (ou sur le côté si soulever la jambe se révèle trop douloureux).**

5 **Attachez les attelles avec ce que vous avez sous la main : ficelle, corde ou ceinture.**
Vous pouvez aussi faire des bandelettes en déchirant du linge. Assurez-vous que les attelles dépassent la partie blessée.

Ne touchez pas la jambe blessée.

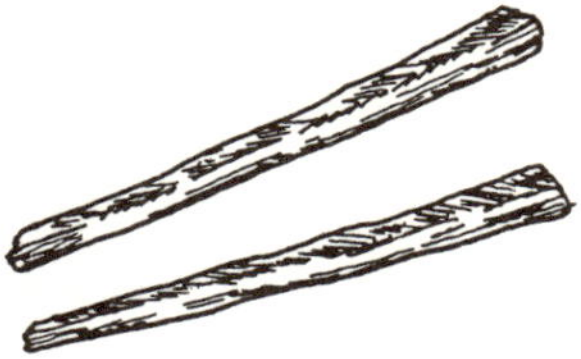

Confectionnez des attelles avec deux objets rigides et de même longueur – bois, plastique ou carton fort plié.

Disposez les attelles dessus et dessous la jambe blessée.

Attachez les attelles avec ce que vous avez sous la main : ficelle, corde ou ceinture.

Ne serrez pas trop les attelles pour ne pas couper la circulation. Vous devez pouvoir glisser un doigt entre l'attelle et les liens.

6 **Ne serrez pas trop les attelles pour ne pas couper la circulation.**

Vous devez pouvoir glisser un doigt entre l'attelle et les liens. Si la partie blessée devient blanche ou exsangue, relâchez les liens.

7 **Faites coucher la personne blessée sur le dos, en vue de faciliter la circulation du sang et de prévenir un état de choc.**

SYMPTÔMES DE FRACTURE, D'ENTORSE OU DE LUXATION

- Mobilité difficile ou réduite.
- Enflure.
- Ecchymose.
- Forte douleur.
- Engourdissement.
- Saignement abondant.
- Fracture visible de l'os à travers la peau.

CE QU'IL NE FAUT PAS FAIRE

- Appuyer sur une blessure, essayer de la nettoyer : il y a risque d'infection.
- Transporter le blessé, sauf nécessité absolue. Il faut d'abord traiter la fracture, puis appeler les secours.
- S'il faut déplacer le blessé, assurez-vous que la fracture est parfaitement immobilisée.
- Ne levez pas une jambe blessée.
- N'essayez pas de bouger ou de réduire une fracture ; vous risqueriez de faire souffrir inutilement le blessé et d'aggraver son cas.

COMMENT SOIGNER UNE BLESSURE PAR BALLE OU ARME BLANCHE

1 **Ne retirez pas tout de suite un projectile ou tout autre objet enfoncé dans la chair.**
Balles, flèches, couteaux, battes sont les causes les plus fréquentes de blessures profondes. Lorsqu'un projectile est logé dans une zone vitale du corps (le tronc ou une zone proche des nerfs ou des artères), le retirer peut causer un saignement abondant et incontrôlable. L'objet, en faisant pression sur une artère ou tout autre organe vital, peut aider à comprimer l'hémorragie.

2 **Endiguez l'hémorragie en combinant les moyens suivants : compression, élévation des membres, points de pression et garrots (dans cet ordre).**

COMPRESSION. On peut contrôler presque tous les saignements par pression directe. Essayez d'appuyer directement sur l'endroit qui saigne. Le cuir chevelu, par exemple, saigne abondamment. Du bout des doigts, faites pression contre l'os, sur le pourtour de la blessure du cuir chevelu – plutôt qu'avec la paume, sur une plus grande surface du crâne. Toujours avec le bout des doigts, comprimez les artérioles qui saignent (ce sont les petits vaisseaux superficiels).

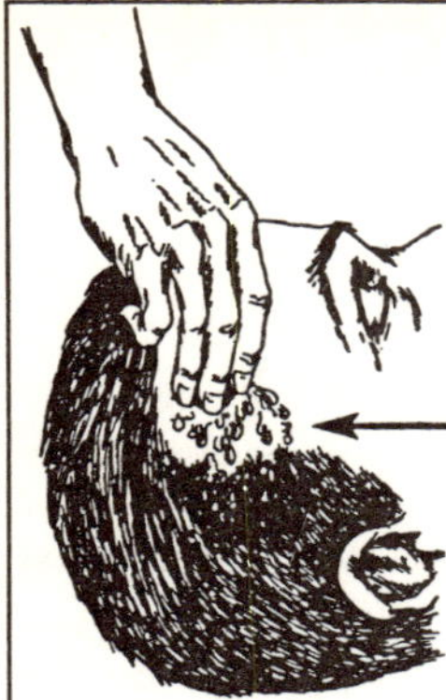

Essayez d'appuyer directement sur la partie qui saigne. Pour une blessure du cuir chevelu, utilisez le bout des doigts plutôt que la paume.
Essayez de provoquer la coagulation.
Appuyez sur les artérioles (petits vaisseaux superficiels).

Pour un membre blessé, appuyez en amont de la blessure afin de maîtriser le saignement et surélevez le membre. Faites un pansement pour prévenir l'infection.

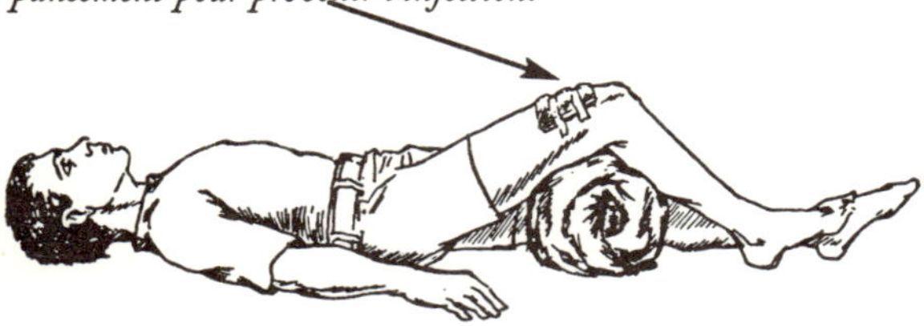

SURÉLÉVATION D'UN MEMBRE. Lorsqu'un membre est blessé, il faut le surélever au-dessus du niveau du cœur, tout en exerçant une pression afin de ralentir l'hémorragie. Ne faites jamais asseoir une personne en état de choc pour surélever un membre blessé.

POINTS DE COMPRESSION. Pour endiguer l'écoulement de sang, il faut comprimer une artère (à l'endroit où on sent battre le pouls) proche de la blessure, en la pressant contre un os. Appuyer sur le ventre ou sur un muscle n'empêchera pas le sang de couler.

GARROTS. Le garrot consiste à enrouler serré une large bande de tissu ou une ceinture autour d'un membre blessé (généralement soutenu par une poulie) jusqu'à l'arrêt de l'hémorragie. Il faut comprimer le flux de sang contre un os long (humérus ou fémur). Une pression contre l'avant-bras ou la jambe n'empêcherait pas l'hémorragie des vaisseaux situés entre les deux os (tibia et péroné, radius et cubitus selon le cas), et ce malgré le garrot. La compression entraînerait d'autres lésions vasculaires ou nerveuses irréversibles. Le garrot ne doit être utilisé qu'en dernier recours, s'il s'agit de sauver une vie, fût-ce au prix du sacrifice d'un membre.

3 **Immobilisez la partie blessée.**
L'emploi d'attelles et de pansements pour immobiliser une partie blessée protège la blessure et favorise la coagulation. Même si l'os ou l'articulation ne semble pas touché(e), l'immobilisation est bénéfique pour la coagulation et la guérison.

4 **Pansez la blessure, efforcez-vous d'enrayer l'infection.**
Dans la mesure du possible, utilisez des pansements stériles – ou tout au moins propres. Une blessure profonde peut favoriser le développement de bactéries anaérobies. C'est pourquoi en chirurgie on injecte des solutions antiseptiques ou antibiotiques dans les blessures profondes. Cette pratique étant quasi impossible en dehors de l'hôpital, il faut toujours faire saigner un petit moment une blessure profonde, même si elle est moins grave (comme un clou dans le talon, par exemple), afin d'éliminer tout corps étranger. Plonger une extrémité dans du péroxyde d'hydrogène (eau oxygénée) détruit également les bactéries anaérobies. Ne passez pas de

pommades ni de crèmes sur une blessure profonde, vous pourriez favoriser l'infection.

Que faire en cas d'urgence

Saupoudrer du sucre sur une blessure profonde peut ralentir l'hémorragie, favoriser la coagulation et inhiber le développement des bactéries. Ce n'est pas une méthode que vous verrez pratiquer dans votre hôpital local, mais en cas d'extrême urgence, elle n'est pas à négliger.

5 **Faites appel à un médecin dès que possible.**

Recommandations

Notez que, dans le cas présent, un garrot est rarement utile – il est peu fréquent qu'une hémorragie grave au niveau d'un membre ne puisse être endiguée par les moyens évoqués ci-dessus. Les hémorragies fatales (comme celles des artères fémorales ou les hémorragies internes au niveau de l'abdomen) ne se prêtent pas à l'usage du garrot. Même les amputations graves ne saignent pas tant et peuvent être contrôlées par pression. Une artère partiellement lésée saignera davantage qu'une artère complètement sectionnée.

CHAPITRE 5

EXPÉRIENCES DE SURVIE

COMMENT FAIRE ATTERRIR UN AVION

Ces instructions, destinées aux petits avions de tourisme et aux jets privés, ne s'appliquent pas aux avions de ligne.

1 **Si l'avion ne possède qu'un seul poste de pilotage, tirez, poussez ou soulevez le pilote pour l'extraire de son siège.**

2 **Prenez place aux commandes.**

3 **Mettez le casque radio (si l'appareil en est pourvu).**
Demandez de l'aide par radio – vous trouverez un bouton sur le couple de direction de l'avion ou un micro semblable à un micro de CB sur le tableau de bord. Appuyez sur le bouton pour parler, lâchez-le pour écouter. Dites « Mayday ! Mayday ! » (signal international de détresse en vol). Donnez votre position, votre destination et le numéro d'appel de l'avion, qui doit être gravé au-dessus des instruments de bord.

4 **Si vous n'obtenez pas de réponse, essayez le canal réservé aux urgences – sur la fréquence 121.5.**
Les radios peuvent être différentes, mais les fréquences sont standard. La personne qui vous répondra est en principe capable de vous indiquer la marche à suivre pour atterrir. Suivez ses instructions point par point. Si vous ne pouvez joindre une personne susceptible de vous donner les instructions d'atterrissage, vous devrez vous débrouiller par vous-même.

5 **Repérez votre position et identifiez les instruments.** Observez autour de vous. L'avion est-il droit ? À moins que vous veniez juste de décoller ou que vous soyez près d'atterrir, l'avion devrait être relativement horizontal.

LE COUPLE DE DIRECTION. Ce sont les commandes de l'appareil : normalement, il se trouve en face de vous. C'est lui qui permet d'orienter l'avion et de contrôler son altitude. Tirez dessus pour que l'avion lève le nez et poussez pour qu'il descende. Le gouvernail est très sensible – ne le faites bouger que de quelques centimètres pour orienter l'avion. En vol, le nez de l'avion doit se trouver environ à 7 ou 8 centimètres en dessous de la ligne d'horizon.

L'ALTIMÈTRE. L'importance de cet instrument est cruciale, du moins au départ. Ce cadran rouge, situé au centre du tableau de bord, indique l'altitude : la petite aiguille donne l'altitude au-dessus du niveau de la mer en milliers de pieds, la grande en centaines.

LE CAP. Vous verrez un compas, c'est le seul instrument de bord où figure en son centre un petit avion. La pointe donne le cap de l'avion.

LA VITESSE. Ce cadran est situé en haut du tableau de bord, à gauche. Habituellement, la vitesse est calculée à l'heure en nœuds, parfois en miles. Un petit avion fait environ 120 nœuds à l'heure en vitesse de croisière. Il est dangereux de descendre en dessous de 70 nœuds : on est en perte de vitesse. (Un nœud équivaut à 1,852 kilomètre-heure.)

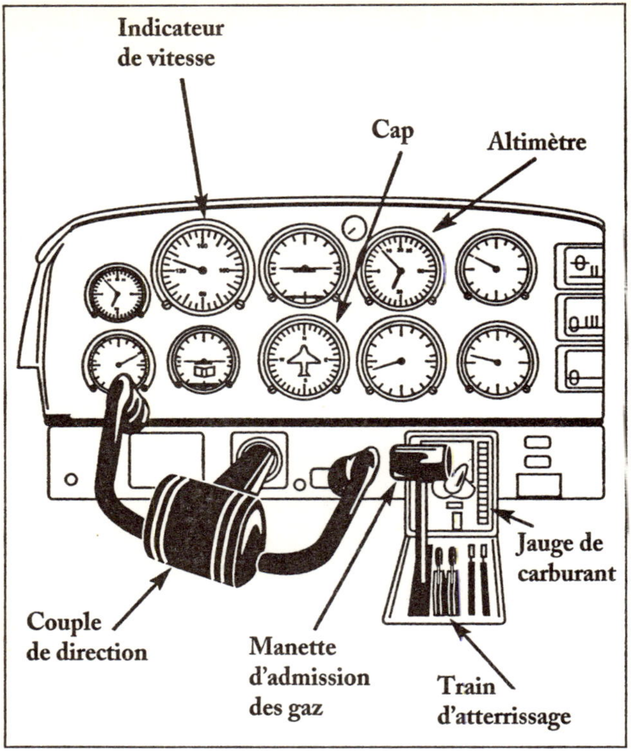

LA MANETTE D'ADMISSION DES GAZ. Elle commande à la fois la vitesse (la puissance du moteur) et la position du nez de l'avion par rapport à l'horizon. C'est un levier situé entre les deux sièges, il est toujours noir. Il faut le tirer vers soi pour ralentir l'avion et lui faire perdre de l'altitude, le pousser pour accélérer et faire monter l'avion. Le moteur est plus ou moins bruyant selon la position de la manette des gaz.

LE CARBURANT. La jauge se trouve en bas du tableau de bord. Si le pilote a suivi le règlement édicté par la Federal Aviation Administration, l'avion devrait avoir assez de carburant pour la durée du vol prévu, plus une heure au minimum. Certains avions sont pourvus d'un réservoir supplémentaire, mais dans le cas présent, ne vous souciez pas de changer de réservoir.

LES VOLETS. De par leur complexité, ils risquent de rendre l'avion plus difficile à maîtriser. Utilisez la manette d'admission des gaz pour contrôler la vitesse, pas pour orienter les volets des ailes.

6 **Amorcez la descente.**
Poussez sur la manette pour ralentir. Réduisez l'allure d'un quart environ par rapport à la vitesse de croisière. Au moment où l'avion ralentit, son nez plonge. En descente, le nez de l'appareil doit se trouver à peu près à 10 centimètres en dessous de la ligne d'horizon.

7 **Sortez le train d'atterrissage.**
Vérifiez s'il s'agit d'un train fixe ou rétractable. S'il est fixe, il est sorti en permanence et vous n'avez rien à faire. Dans le cas contraire, vous verrez à côté de la manette d'admission des gaz, entre les deux sièges, un autre levier dont la poignée est en forme de pneu. Si vous devez amerrir, ne relevez pas la manette (train rentré).

8 **Repérez un terrain propice.**
Si vous ne pouvez rejoindre un aéroport, cherchez une surface plane. L'idéal serait un champ de presque 2 kilomètres de long, mais à moins de survoler le Midwest, vous ne trouverez pas une étendue de cette taille. Un

avion peut atterrir sur une distance beaucoup plus courte, ne cherchez donc pas la piste parfaite – elle n'existe pas. Un terrain bosselé fera tout aussi bien l'affaire si vous n'avez pas le choix.

9 **Alignez-vous au terrain de façon que, lorsque l'altimètre indiquera 1 000 pieds, le terrain se présente à l'extrémité de l'aile droite.**
Dans des conditions optimales, vous devriez survoler le terrain une fois pour repérer les obstacles ; faites-le si vous avez assez de carburant. Survolez le champ en décrivant un vaste rectangle, et faites une seconde approche.

10 **Tout en vous rapprochant du terrain, réduisez la vitesse en tirant sur la manette des gaz.**
Ne laissez pas le nez de l'appareil plonger plus de 15 centimètres au-dessous de la ligne d'horizon.

11 **L'avion devrait se trouver 100 pieds au-dessus du sol quand vous serez à l'aplomb du terrain et les roues arrière devraient toucher en premier.**
L'avion va perdre de la vitesse – de 90 à 100 kilomètres-heure – et vous devrez le faire ralentir le plus possible au moment où les roues vont toucher le sol.

12 **Tirez à fond sur la manette des gaz, vérifiez que le nez de l'avion ne plonge pas trop.**
Tirez doucement le gouvernail vers vous au moment où l'appareil touche le sol.

13 **À l'aide des pédales au plancher, vous pourrez diriger l'avion et le freiner correctement.**

Au sol, le gouvernail n'a que peu d'effet. Les pédales du haut sont les freins et celles du bas commandent la direction du nez de l'avion. Concentrez-vous d'abord sur les pédales du bas. Appuyez sur la pédale de droite pour faire tourner l'avion vers la droite, sur celle de gauche pour aller vers la gauche. Au moment de l'atterrissage, surveillez la vitesse. Réduire la vitesse augmentera en proportion inverse vos chances de survie. En passant de 200 à 110 kilomètres-heure, vous triplez vos chances de survie.

Recommandations

- Un atterrissage forcé bien exécuté sur un terrain de fortune peut être moins dangereux qu'un atterrissage raté sur une vraie piste.
- Si l'avion se dirige vers des arbres, manœuvrez entre les arbres pour que les ailes amortissent l'impact en cas de choc.
- Dès que l'appareil est immobilisé, descendez le plus vite possible – sans oublier d'emmener le pilote avec vous.

COMMENT SURVIVRE À UN TREMBLEMENT DE TERRE

1 **Si vous êtes à l'intérieur, surtout restez-y !**
Glissez-vous sous une table ou un bureau et n'en bougez plus, ou allez dans un couloir ou une entrée, contre une cloison intérieure. Ne restez pas près des fenêtres, des cheminées, des meubles lourds ni des appareils. Sortez de la cuisine, qui est une pièce dangereuse. Ne vous précipitez pas en bas des escaliers ni dans la rue quand l'immeuble tremble et que vous risquez de tomber ou d'être blessé par des débris de verre ou autres.

2 **Si vous êtes dehors, restez à découvert, à l'écart des immeubles, des lignes à haute tension, des cheminées, de tout ce qui risque de vous tomber sur la tête.**

3 **Si vous êtes au volant, arrêtez-vous, en prenant toutefois certaines précautions.**
Dans la mesure du possible, garez votre véhicule à l'écart de la circulation. Ne vous arrêtez ni sous un pont, ni sous une passerelle, ni sous les arbres, les lampadaires, les lignes électriques ou les panneaux de signalisation. Restez dans votre voiture jusqu'à la fin des secousses. Lorsque vous repartirez, méfiez-vous des crevasses dans le sol, des éboulis de rochers et des bosses sur les routes, près des ponts.

4 **Si vous êtes dans une zone montagneuse, faites attention aux chutes de pierres, aux glissements de terrain,**

Endroits où se placer et endroits à éviter.

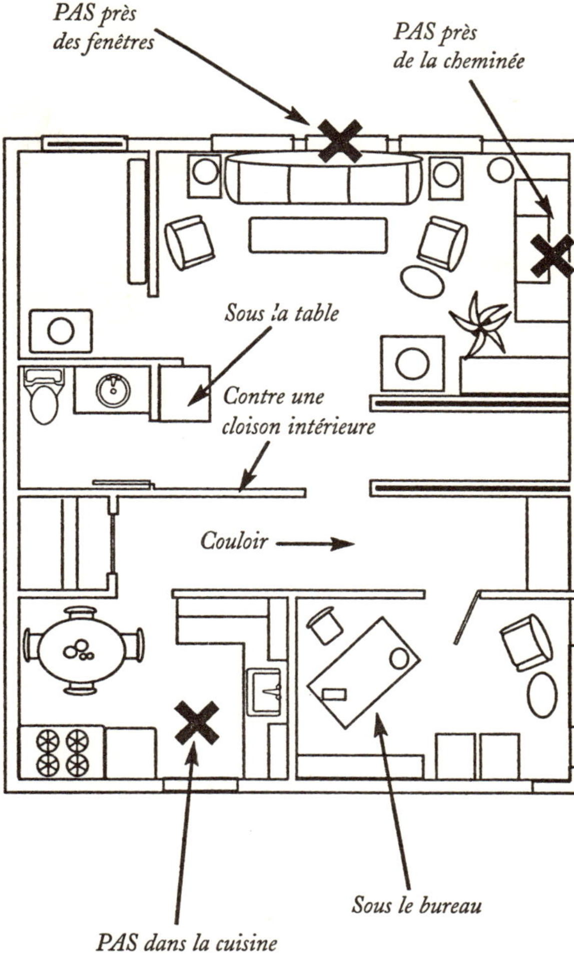

aux arbres ou autres débris arrachés par le tremblement de terre.

5 **Une fois la secousse passée, regardez si vous êtes blessé et procédez aux premiers soins ou demandez de l'aide.**

N'essayez pas de déplacer une personne grièvement blessée, sauf si un danger plus grand la menace. Couvrez les blessés avec des couvertures et cherchez une assistance médicale pour les blessures graves.

6 **Si possible, mettez des chaussures solides, à semelle épaisse, pour éviter de vous blesser sur des morceaux de verre ou autres débris coupants.**

7 **Éliminez les risques.**

- Éteignez immédiatement les feux qui auraient pris chez vous ou dans le voisinage.
- Fuites de gaz : ne fermez l'arrivée du gaz que si vous soupçonnez une fuite due à la rupture d'une conduite ou que vous sentez une odeur de gaz. N'utilisez ni allumettes, ni briquet, ni réchaud de camping, ni gril ou appareil électrique quelconque sans avoir vérifié qu'il n'y a pas de fuite de gaz. Une étincelle suffirait à provoquer une explosion et un incendie. Ne remettez pas le gaz, même si c'est vous qui l'avez fermé. Laissez ce soin à des professionnels.
- Fils électriques endommagés : coupez le courant au tableau électrique pour éviter un court-circuit.
- Lignes noyées ou endommagées : ne touchez ni un fil noyé ni un objet qui aurait été en contact avec un fil.
- Médicaments et produits pharmaceutiques renversés : ramassez-les et épongez l'eau de Javel, la lessive ou autres produits nocifs qui se seraient répandus.

- Cheminées inondées ou endommagées : approchez avec précaution et ne vous servez jamais d'une cheminée fissurée (vous risquez de mettre le feu ou d'enfumer votre maison avec des gaz nocifs).
- Chute d'objets divers : attention, en ouvrant les portes des armoires ou des placards, aux objets tombés pêle-mêle sur les étagères.

8 **Vérifiez les réserves d'eau et les aliments.**
Ne mangez ni ne buvez des denrées entamées s'il y a du verre brisé à proximité. Si le courant est coupé, utilisez rapidement les aliments surgelés pour éviter le gaspillage. Les surgelés sont encore consommables pendant quelques jours. Si l'eau est coupée, vous pouvez boire l'eau des bouilloires, des glaçons fondus ou des légumes en conserves. Évitez l'eau des piscines et des sources.

9 **Attendez-vous à d'autres secousses.**
Un tremblement de terre, plus faible, ou plus fort, peut succéder au premier.

Recommandations

- N'utilisez le téléphone que pour les urgences médicales ou pour signaler un incendie, afin de ne pas bloquer les lignes. Si le téléphone est hors d'usage, envoyez quelqu'un chercher du secours.
- Ne vous attendez pas à ce que les pompiers, la police ou les infirmiers viennent immédiatement à votre secours. Il se peut qu'ils ne soient pas disponibles.

COMMENT SE PRÉMUNIR

Être préparé à un tremblement de terre est le meilleur moyen d'y survivre. Assurez-vous que chaque membre de la famille sache quel comportement adopter s'il est surpris par un tremblement de terre, où qu'il se trouve.

- Convenez d'un point de rencontre où vous retrouver après le séisme.
- Renseignez-vous sur les dispositions prévues par l'école ou la crèche de vos enfants.
- Les transports peuvent être perturbés, ayez toujours des réserves de nourriture et de boisson, ainsi que des chaussures solides.
- Sachez où se situent les arrivées de gaz, d'eau et d'électricité pour pouvoir les fermer en cas de fuite ou de court-circuit. Assurez-vous que les membres les plus âgés de la famille peuvent le faire.
- Sachez où se trouve le poste de police le plus proche, ainsi que les pompiers et les secours médicaux d'urgence.
- Soyez sociable avec vos voisins – vous pouvez vous venir mutuellement en aide pendant et après un tremblement de terre.
- Suivez les stages proposés par la Croix-Rouge pour les premiers secours, le massage cardiaque et le bouche-à-bouche.

COMMENT SURVIVRE À UN NAUFRAGE

1 **Restez le plus longtemps possible à bord de votre bateau avant de monter dans un canot de sauvetage.**
En cas de naufrage, adoptez la méthode empirique : attendez d'avoir de l'eau à mi-corps avant de monter dans le canot. Votre meilleure chance de survie est de rester sur votre bateau – même s'il est déséquilibré – plutôt que dans un canot. Mais si le bateau sombre, il faut savoir utiliser le canot de sauvetage. Toute embarcation de pleine mer (de dimension supérieure à 4,20 mètres) doit en être pourvue. Pour les bateaux de dimension inférieure, des gilets de sauvetage suffisent, à condition de ne pas trop vous éloigner de la côte, de façon à pouvoir la regagner à la nage.

2 **En montant dans le canot de sauvetage, prenez toutes les provisions que vous pouvez sauver.**
Le point le plus important est l'eau potable : si vous en avez en bidons, prenez-les. Ne buvez pas d'eau de mer. Il est possible de survivre plusieurs jours en mer sans nourriture, mais pas sans eau potable : la déshydratation peut entraîner la mort au bout de quelques jours. Dans le pire des cas, lancez les jerricans d'eau par-dessus bord de façon à pouvoir les récupérer par la suite – ils flotteront. Les conserves, surtout celles de légumes, contiennent de l'eau : emportez-les si vous pouvez. Ne vous rationnez pas en eau. Buvez ce qui est nécessaire, mais pas plus – un bon litre et demi par jour devrait vous suffire si vous restreignez votre activité.

Objets utiles pour vous signaler

Une montre

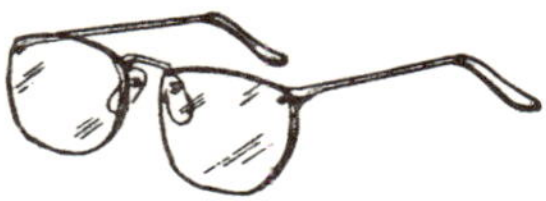

Des lunettes

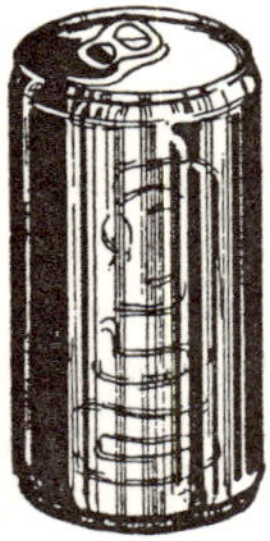

Une canette en aluminiun

Un compas

Du papier d'aluminium

3 **Si vous êtes dans des eaux et un environnement froids, pensez d'abord à vous réchauffer.**

Le plus grand risque est de mourir de froid ou d'hypothermie.

Mettez des vêtements secs et tenez-vous hors de l'eau. Un contact prolongé avec l'eau salée peut causer des lésions cutanées sujettes à infection.

Restez à l'abri : les canots de sauvetage modernes sont pourvus de tentes pour protéger les occupants du soleil, du vent et de la pluie. Si la tente est endommagée ou s'il n'y en a pas, mettez un chapeau, des vêtements à manches longues et un pantalon pour vous abriter du soleil.

4 **Si possible, procurez-vous de la nourriture.**

Les canots possèdent des lignes et des hameçons dans leurs équipements de survie. Si vous dérivez depuis plusieurs semaines, des algues vont se développer sous la coque de votre embarcation et les poissons vont naturellement venir s'y réfugier. Vous pourrez alors pêcher et manger du poisson cru. Si vous n'avez pas d'hameçon, vous pouvez en fabriquer avec du fil de fer ou des morceaux de boîte de conserve.

5 **Essayez de rejoindre la côte, si vous savez dans quelle direction elle se trouve.**

La plupart des canots sont équipés de petites pagaies, mais ils ne sont pas très maniables, surtout si le vent souffle à plus de 3 nœuds. Ne vous épuisez pas à parcourir à grand-peine une distance insignifiante.

6 **Si vous apercevez un bateau ou un avion, tâchez de signaler votre présence.**

Manifestez-vous par radio VHF ou à l'aide d'une fusée éclairante. Un petit miroir peut également faire l'affaire.

PRÉPARATION

Ne sortez jamais en mer sur un bateau mal équipé. La majorité des bateaux devraient posséder au moins un dispositif d'urgence pour signaler leur présence : la balise qui donne la position du bateau par radio (Emergency Position Radio Beacon, ou EPiRB). Ces dispositifs émettent les signaux conventionnels de détresse en mer sur deux fréquences, 406 MHz et 125 MHz : toutes deux donnent la position du bateau et son identification, mais seule la fréquence 406 transmet l'appel de détresse aux autres bateaux, aux avions et aux satellites. Seuls les bateaux et les avions captent la fréquence 125. S'ils ne sont pas équipés d'un de ces systèmes, les naufragés peuvent dériver pendant des mois avant d'être localisés.
Ayez toujours avec vous un sac de voyage contenant ces objets.

- Des vêtements chauds et secs et des couvertures.
- Un chapeau.
- Des vivres (conserves, aliments longue conservation, fruits secs).
- Une radio VHF à transistors.
- Un dispositif GPS (Global Positioning Satellite) de taille réduite, léger et portable.
- Des jerricans d'eau potable.
- Un compas.
- Une lampe torche et des piles de rechange.
- Des fusées éclairantes.
- Un épurateur d'eau potable.

COMMENT SURVIVRE SI VOUS ÊTES PERDU DANS LE DÉSERT

1 **Ne vous affolez pas, surtout si vous avez dit où vous alliez et quand vous comptiez revenir.**
Si vous êtes en voiture, restez sur place – surtout ne vous aventurez pas loin du véhicule !

2 **Si vous êtes à pied, revenez sur vos pas en suivant vos propres traces.**
Déplacez-vous toujours vers l'aval du fleuve ou le centre du pays. Suivez les crêtes de préférence aux vallées et aux lits des rivières, où vous seriez moins visible pour les sauveteurs.

3 **Si vous avez perdu vos propres traces, essayez de grimper sur une éminence pour scruter le paysage autour de vous. Si vous n'êtes pas absolument certain de retrouver vos empreintes, restez sur place.**

4 **Faites des feux qui dégagent beaucoup de fumée durant la journée (avec des pneus par exemple) et des feux éclairants la nuit.**
Si vous n'avez pas beaucoup de carburant, entretenez un feu avec du petit bois et gardez un peu d'essence à portée de main pour le moment où vous repérez un homme ou un véhicule.

5 **Si vous apercevez un avion ou des personnes dans le lointain, signalez votre présence de la façon suivante :**

à découvert, vous pouvez utiliser du papier journal ou du papier d'aluminium maintenu au sol avec des pierres pour dessiner un vaste triangle : c'est le signal international de détresse.

- Un grand I signifie qu'il y a un blessé.
- Un X, que vous n'êtes pas en état d'avancer.
- Un F, que vous êtes à court de vivres et d'eau.
- Trois coups de feu sont également un signe de détresse.

6 **Pour éviter la prostration due à la chaleur, reposez-vous souvent.**

Aux États-Unis, dans le désert, la température peut monter jusqu'à 55 ° pendant la journée et l'ombre est rare. L'été, asseyez-vous sur un pliant ou une branche basse, à 30 centimètres au moins du sol (il arrive que la température au sol soit de 15 ° supérieure à celle de l'air ambiant).

Si vous marchez pendant la journée, suivez ces instructions.

- Progressez lentement pour économiser votre énergie et faites une pause d'au moins 10 minutes toutes les heures.
- Buvez de l'eau, ne vous rationnez pas.
- Évitez de parler et de fumer.
- Respirez par le nez et non par la bouche.
- Évitez de boire de l'alcool, ça déshydrate.
- Évitez de manger si vous n'avez pas de réserve d'eau suffisante : la digestion consomme de l'eau.
- Mettez-vous à l'ombre et restez habillé (chemise, chapeau, lunettes de soleil) pour ralentir l'évaporation de la transpiration et prolonger la sensation de fraîcheur.
- Marchez le soir, la nuit, ou tôt le matin.

• Par temps froid, mettez plusieurs couches de vêtements, et assurez-vous que vous êtes au sec.
• Guettez les signes d'hypothermie : forts tremblements, tension musculaire, fatigue, mauvaise coordination des mouvements, trébuchements, lèvres et ongles bleuis. Si vous présentez ces symptômes, enfilez tout de suite des vêtements secs et si possible allumez un feu. Sinon, serrez-vous contre vos compagnons pour vous tenir chaud.

7 **Essayez de trouver de l'eau. Vous avez quelque chance d'en trouver dans les lieux suivants.**
• Au pied des falaises rocheuses.
• Dans les alluvions charriées par les rivières de montagne, surtout après une pluie récente.
• Dans le lit d'une rivière à sec, sur la berge externe d'un méandre prononcé : repérez l'endroit où le sable est humide et creusez un trou de 1 mètre à 1,80 mètre : vous trouverez de l'eau d'infiltration.
• À proximité de la végétation. Un bouquet d'arbres, un bosquet de peupliers, de sycomores ou de saules peuvent révéler la présence de l'eau.
• En suivant des pistes d'animaux ou des vols d'oiseaux, vous pouvez tomber sur un point d'eau.

8 **Mangez les fruits et les fleurs des cactus.**
Fendez les tiges de cactus à la base et mâchez le cœur qui contient la sève, sans l'avaler. Emportez des morceaux de tiges de cactus pour vous désaltérer en cours de route. Les autres plantes du désert, immangeables, vous rendraient malade.

Où trouver de l'eau

Au pied des arbres verts comme le sycomore ou d'autres arbustes.

Les fruits ou les fleurs du cactus sont comestibles. Coupez la base de la tige et mâchez le cœur qui contient la sève.

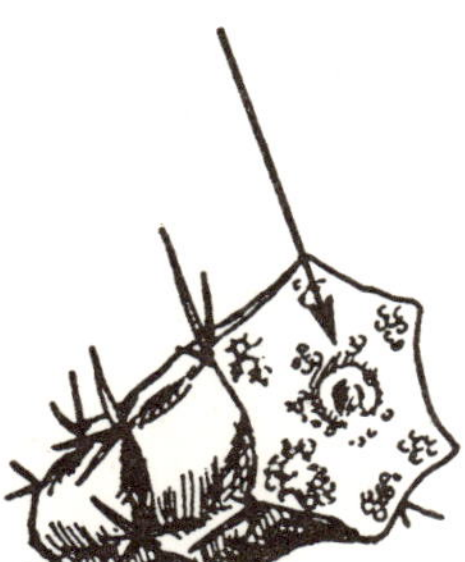

Préparation

Si vous projetez une excursion dans une zone désertique, informez toujours quelqu'un de votre destination, de votre itinéraire et de la durée de votre périple. Si vous ne prévenez personne et que vous vous perdez, vous n'aurez aucune chance d'être secouru.

Si vous partez en voiture, assurez-vous de posséder ces objets.

- Une batterie en bon état.
- De bons pneus ; tâtez-les : ils doivent être fermes, ni mous ni spongieux.
- Une roue de secours correctement gonflée.
- Des courroies de ventilateur de rechange.
- Une trousse à outils.
- Une réserve d'essence et d'huile.
- De l'eau (25 litres par véhicule).

Conseils de prudence en voiture

Ayez toujours un œil sur le ciel. De véritables inondations peuvent se produire dans le lit d'une rivière dès que des cumulus apparaissent à l'horizon, même s'il ne pleut pas à l'endroit où vous vous trouvez. Si vous êtes pris dans une tempête de sable, quittez immédiatement la route. Allumez vos feux de détresse, placez le véhicule dos au vent de façon à protéger le pare-brise de l'impact des grains de sable. Avant de vous aventurer en voiture dans des zones d'alluvions ou sur des sols sableux, testez-les à pied. Une minute de marche peut vous épargner à la fois la crevaison de votre carter d'huile et de mauvais moments.

Si vous tombez en panne, ne vous éloignez pas de votre

véhicule : il contient tout votre matériel de secours. Commencez par soulever le capot et ouvrez le coffre, ce qui signifie : « À l'aide. » Une voiture se voit à des kilomètres ; une personne est beaucoup plus difficilement repérable.

- N'abandonnez un véhicule en panne que si vous êtes certain de connaître le chemin qui mène vers les secours.
- Si vous êtes enlisé ou perdu, faites des feux, de fumée le jour, éclairants la nuit. Trois feux en triangle forment un signal de détresse.
- Si vous trouvez une route, suivez-la.

QUAND ON SE DÉPLACE À PIED, IL FAUT TOUJOURS EMPORTER

- De l'eau (4 litres par jour et par personne suffisent, 8 ou plus par mesure de sécurité).
- Une carte où figurent les régions habitées les plus proches.
- Des allumettes « waterproof ».
- Un briquet ou un briquet à silex.
- Un manuel de survie.
- Une crème « écran total » pour le soleil, un chapeau, des vêtements chauds et des couvertures.
- Un couteau suisse.
- Un miroir en métal pour faire des signaux.
- Des comprimés iodés.
- Un petit crayon et de quoi écrire.
- Un sifflet (trois coups signifient « à l'aide »).
- Une timbale.
- Du papier d'aluminium.
- Un compas.
- Une trousse de premiers soins.

COMMENT ÉVITER DE SE PERDRE

- Lorsque vous marchez, regardez de temps en temps en arrière pour repérer la direction d'où vous venez. Mémoriser l'aspect du paysage vu en sens inverse pourra vous être utile au cas où vous vous perdriez.
- Dans la mesure du possible, restez sur les chemins tracés. Jalonnez votre chemin en faisant des entailles sur les arbres ou les broussailles ou en élevant des cairns (trois pierres empilées les unes sur les autres).

QUE FAIRE SI VOTRE PARACHUTE NE S'OUVRE PAS

1 **Dès que vous réalisez que votre parachute présente une anomalie, signalez à un camarade dont le parachute n'est pas encore ouvert que vous avez un problème.**
Faites signe avec les bras en désignant votre parachute.

2 **Quand votre compagnon (devenu *ipso facto* votre meilleur ami) s'approche de vous, accrochez-vous à lui par les bras.**

3 **Une fois accrochés l'un à l'autre, vous continuez de descendre à une vitesse de 200 kilomètres-heure environ.**
Dès que votre ami ouvrira son parachute, vous ne pourrez ni l'un ni l'autre suivre la procédure normale, la force d'attraction terrestre va tripler ou quadrupler le poids de votre corps. Par conséquent, il faudra vous accrocher à ses bretelles de poitrine ou à l'avant de son harnais, en y glissant vos avant-bras jusqu'aux coudes, puis tenir fermement vos propres bretelles.

4 **Ouvrez le parachute.**
L'ouverture du parachute va causer un choc brutal, capable de vous désarticuler ou de vous casser les bras.

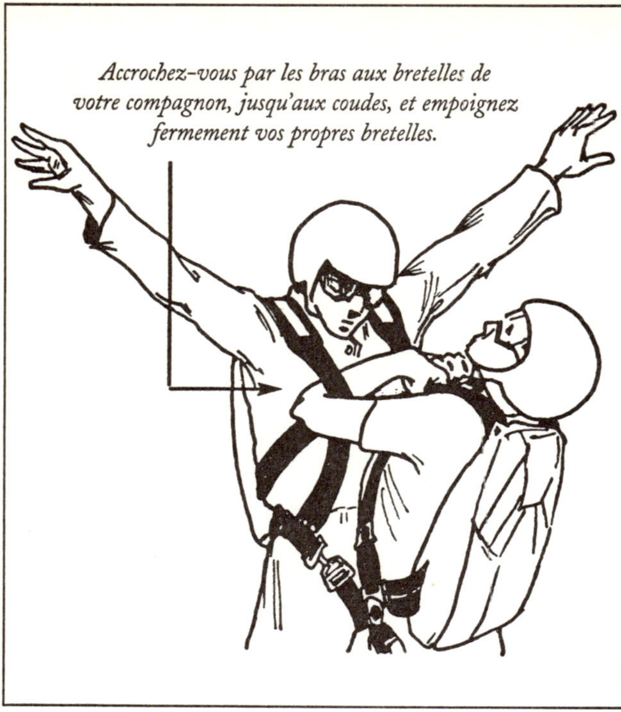

Accrochez-vous par les bras aux bretelles de votre compagnon, jusqu'aux coudes, et empoignez fermement vos propres bretelles.

5 **Manœuvrez la voilure.**

Votre ami devra manœuvrer sa voilure tout en vous maintenant avec son bras (la voilure est la partie du parachute à l'aide de laquelle on contrôle la direction et la vitesse).

Si sa voilure est large et lente, vous pouvez atterrir sur l'herbe ou sur la terre et vous en tirer avec une jambe cassée, vous avez de grandes chances de survie.

Si au contraire c'est une voilure plus petite et plus rapide, votre ami devra manœuvrer pour ne pas atterrir trop brutalement. Il vous faut éviter à tout prix les lignes à haute tension et autres obstacles.

6 **S'il y a une étendue d'eau à proximité, allez dans sa direction.**
Bien sûr, une fois que vous aurez touché la surface de l'eau, vous devrez nager debout (seules vos jambes ne seront pas entravées) en espérant que votre compagnon pourra vous hisser dehors avant que votre parachute ait pris l'eau.

PRÉPARATION

Vérifiez votre parachute avant chaque saut. Les parachutes d'aujourd'hui sont conçus pour s'ouvrir automatiquement, c'est un bon point. Même si vous commettez de grosses erreurs dans le pliage, ils auront toujours tendance à s'ouvrir. En revanche, le parachute de secours doit être plié par un professionnel agréé, c'est votre ultime recours en cas de problème.

- Vérifiez que le parachute est plié bien droit et bien à plat – il ne doit pas y avoir de torsions.
- Le glisseur doit être correctement positionné, de façon que le parachute ne s'ouvre pas trop vite.

COMMENT SURVIVRE À UNE AVALANCHE

1 **Débattez-vous pour rester à la surface de la neige en faisant des mouvements similaires à ceux de la nage libre.**

2 **Si vous êtes enseveli, votre meilleure chance de survie est que quelqu'un vous ait vu au moment où l'avalanche vous a recouvert.**
La neige d'avalanche est comme une boule de neige mouillée, ni légère ni poudreuse, et il est difficile de s'en extraire.

3 **Si vous n'êtes enseveli que partiellement, vous pouvez vous dégager en creusant la neige avec vos mains ou en donnant des coups de pied.**
Si vous avez encore un de vos bâtons de ski, sondez la neige dans plusieurs directions jusqu'à ce que vous voyiez ou sentiez l'air libre, puis creusez dans cette direction.

4 **Si vous êtes complètement enseveli, il est à craindre, si vous êtes trop grièvement blessé, que vous ne soyiez pas en état de vous tirer d'affaire tout seul.**
Toutefois, si vous le pouvez, creusez un petit trou et crachez dedans. En tombant, la salive devrait vous donner la direction du sol. Creusez dans l'autre sens, sans perdre de temps.

Recommandations

- Ne partez jamais seul en randonnée à pied ou à ski dans une zone d'avalanches.

Débattez-vous pour rester à la surface de la neige en faisant des mouvements similaires à ceux de la nage libre.

- Munissez-vous d'une sonde d'avalanche – de solides tronçons d'aluminium qui s'emboîtent pour former une sonde de 1,80 mètre à 2,40 mètres de long. Certains bâtons de ski sont filetés et peuvent se visser bout à bout pour faire une sonde d'avalanche.
- Consultez la météo pour savoir où et quand des avalanches risquent de se produire.
- En général, elles se forment dans les zones recouvertes d'une couche de neige fraîche, sur les pentes abritées

du vent, l'après-midi par temps ensoleillé, la masse de neige ayant déjà commencé à se ramollir au soleil du matin. La plupart du temps, les avalanches se produisent sur les pentes de 30 ° à 45 ° – ce sont les plus fréquentées par les skieurs.

- De nombreux facteurs sont source d'avalanches : chute de neige récente, vent, soleil. La neige fraîche, en s'accumulant au fil des chutes, forme des strates de différentes consistances, dissociées les unes des autres, qui rendent le manteau neigeux instable.
- Un fort bruit ne déclenchera une avalanche que s'il cause des vibrations importantes dans le sol ou dans la neige.
- L'activité la plus dangereuse de ce point de vue est actuellement le scooter des neiges – ces engins légers et puissants, capables de monter assez haut, circulent dans les zones d'avalanches.
- Munissez-vous d'une balise. La balise signale votre position en émettant un champ magnétique qui peut être capté par les balises de vos compagnons. Si vous skiez sur une pente dangereuse, descendez un par un, ne vous suivez pas de trop près, au cas où un glissement se produirait.

SECOURIR LES AUTRES

Si vous êtes témoin d'une avalanche, prévenez les secours le plus tôt possible. Cherchez ensuite près des arbres ou des bancs, c'est là que se trouvent le plus souvent des poches d'air où sont ensevelies les victimes. Tout sauveteur devrait être équipé d'une petite pelle rétractable pour pouvoir creuser rapidement s'il repère quelqu'un.

COMMENT ÉCHAPPER À UNE LIGNE DE TIR

SI VOUS ÊTES LA CIBLE

1 **Courez le plus loin possible.**
En principe, un tireur non entraîné ne peut pas viser avec précision à une distance de plus de 2 mètres.

2 **Courez vite, mais pas en ligne droite. Balancez-vous d'avant en arrière de façon que le tireur ait plus de mal à vous ajuster dans sa ligne de mire.**
Un tireur moyen n'est pas capable de toucher une cible mouvante à distance.

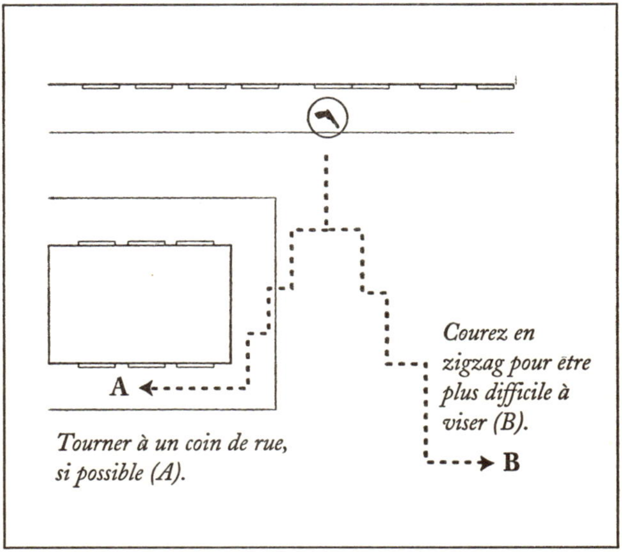

3 **Ne comptez pas les coups.**
Vous ne savez pas si le tireur a d'autres munitions. Compter les balles ne se voit qu'au cinéma.

4 **Tournez dès que possible à l'angle d'une rue, surtout si votre agresseur a un fusil ou une arme d'assaut.**
Le fusil, plus précis, a davantage de portée et l'agresseur est vraisemblablement prêt à vider son chargeur dans votre direction.

Si vous n'êtes pas la cible

1 **Plaquez-vous à terre et ne bougez plus.**
Si vous êtes à côté de la personne prise pour cible, ou si l'agresseur tire au hasard, aplatissez-vous le plus possible. Ne vous accroupissez pas. Mettez-vous à plat ventre et restez-y.

2 **Si vous êtes dans la rue et que vous pouvez atteindre une voiture, courez vous allonger contre le pneu arrière du véhicule, côté opposé au tireur.**
S'il n'y a pas de voitures, couchez-vous dans le caniveau. Un véhicule peut arrêter ou détourner une balle de petit calibre. En revanche, les plus gros calibres (comme les balles utilisées pour les fusils d'assaut, conçues pour traverser le métal) peuvent facilement transpercer la carrosserie d'une voiture et toucher quelqu'un.

3 **Si vous vous trouvez dans le même immeuble que le tireur, réfugiez-vous dans une autre pièce et mettez-vous à plat ventre.**
Si vous n'avez pas le temps de vous échapper dans une

autre pièce, abritez-vous derrière des meubles lourds (bureau massif, classeurs épais, table ou canapé).

4 **Si vous vous retrouvez face à face avec le tireur, faites votre possible pour lui offrir un minimum de prise.** Esquivez-le par le côté, mettez-vous à terre. Une balle perdue ne frappe pas près du sol, au-dessous de quelques dizaines de centimètres. Si le tireur est à l'extérieur, restez à l'intérieur, loin des portes et des fenêtres.

5 **Restez à terre jusqu'à ce que les tirs cessent ou que les autorités arrivent et déclarent la fin de l'alerte.**

Dans la mesure du possible, réfugiez-vous derrière des objets volumineux.

COMMENT SURVIVRE SI VOUS ÊTES PERDU EN MONTAGNE

La première cause de décès en montagne est l'hypothermie (à l'origine, l'être humain est un animal tropical). Savoir garder votre sang-froid dans l'obscurité, l'isolement et l'inconnu augmentera considérablement vos chances de survie. Votre survie dépend à 80 % de votre réaction face à la peur, à 10 % de votre équipement, et à 10 % de votre façon de l'utiliser. Dites toujours à quelqu'un où vous allez et quand vous pensez revenir.

1 **Ne vous affolez pas.**
Si vous avez prévenu avant de vous mettre en route, les équipes de secours partiront à votre recherche. (En général, les recherches se limitent aux heures de la journée pour les adultes, mais s'il s'agit d'enfants, elles se poursuivent la nuit.)

2 **Trouvez un abri, restez au chaud et au sec.**
Ne vous fatiguez pas inutilement à construire un abri, en traînant de lourds rondins par exemple, vous transpireriez et prendriez froid. Utilisez les abris naturels plutôt que d'essayer d'en construire un. Si vous êtes dans la neige, vous pouvez creuser un trou pour vous protéger du vent. Faire une tranchée dans la neige requiert moins d'efforts. Il suffit de trouver un objet pour creuser. Réfugiez-vous dans la tranchée, recouvrez-la de feuilles et de branchages. Si possible, construisez votre abri à

Dans un pays enneigé, construisez un igloo ou creusez une tranchée dans la neige pour vous abriter et vous tenir au chaud. Isolez-vous du froid avec des feuilles et des branchages.

mi-pente. Évitez les vallées : l'air froid reste au sol, et le fond de la vallée, où s'engouffrent les vents glacés, est souvent l'endroit le plus froid de la montagne.

3 **Signalez votre présence aux secouristes.**
Il est préférable de vous signaler pendant les heures de la journée, avec du matériel éclairant ou trois feux en triangle. Choisissez le point le plus élevé possible – vous serez plus visible des secouristes et le son leur parviendra mieux. Allumez trois feux pour faire des signaux de fumée et étalez votre couverture de survie – face dorée à l'extérieur – sur le sol.

4 **Ne vous éloignez pas.**
Vous compliqueriez la tâche des sauveteurs, qui, en essayant de revenir sur vos traces, pourraient vous rater

si vous avez pris une autre direction. La plupart du temps, en présence d'un véhicule abandonné, les équipes de secours renoncent à poursuivre les recherches, alors que le conducteur s'est tout simplement éloigné.

5 **Si vous souffrez de gelures, n'essayez pas de réchauffer la zone atteinte avant d'être tout à fait hors de danger.**
On peut marcher avec les pieds gelés, mais si on les réchauffe, ils deviennent douloureux et on ne peut plus marcher du tout. En cas de gelure, essayez de protéger la zone atteinte et de la maintenir au sec jusqu'à l'arrivée des secours.

PRÉPARATION

Pour s'aventurer dans une région désertique, il faut des vêtements adéquats. Superposez-les dans l'ordre suivant.

PREMIÈRE ÉPAISSEUR. Des sous-vêtements à manches longues et des caleçons, de préférence en polypropylène, de faible pouvoir isolant, mais qui absorbent la transpiration.

DEUXIÈME ÉPAISSEUR. Un vêtement qui emprisonne une couche d'air chaud, par exemple une parka en duvet.

TROISIÈME ÉPAISSEUR. Une veste en Gore-Tex ou autre matériau qui respire en permettant à l'humidité de sortir, mais pas de pénétrer. Rester au sec est la clé de votre survie. Il est très difficile de se sécher une fois mouillé. Vérifiez que votre matériel de survie contient les éléments suivants et que vous savez les utiliser (déchiffrer un mode d'emploi pour la première fois dans l'obscurité n'est pas l'idéal).

DE QUOI SE CHAUFFER. Emportez plusieurs boîtes d'allumettes de sécurité et un briquet. Des tablettes de trioxane (de l'alcool à brûler solidifié, ou méta) : c'est un produit chimique utilisé par l'armée, léger et calorifère. De la charpie sèche, qui est aussi un produit léger à transporter et très inflammable.

UNE PROTECTION. Emportez une petite couverture de survie, comme celles utilisées par les spationautes, avec un revêtement isolant semblable à du tain. Prenez aussi une couverture de survie avec une face argent (qui conserve la chaleur) et une face orange pour signaler votre présence, le cas échéant. L'argent n'est pas très visible et peut être confondu avec une roche ou de la glace. La couleur orange, peu courante dans la nature, ne peut se confondre avec rien d'autre.

DE QUOI SIGNALER VOTRE PRÉSENCE. Un petit miroir fait très bien l'affaire, ainsi que des fusées éclairantes ou un sifflet, qui porte bien plus que la voix.

DE LA NOURRITURE. Prenez des glucides : biscuits, fruits secs, barres de céréales, etc. Les protéines ont besoin de chaleur pour se dissoudre et leur digestion nécessite davantage d'eau.

COMMENT FAIRE DU FEU SANS ALLUMETTES

CE DONT VOUS AVEZ BESOIN

- Un couteau.
- Du bois d'allumage de différentes tailles, du plus petit au plus gros.
- Du bois pour entretenir le feu. Prenez du bois mort directement sur l'arbre, ne le ramassez pas à terre. On doit pouvoir l'entamer par simple pression de l'ongle, mais il ne faut pas qu'il casse facilement.
- Un arc. Une baguette flexible de 60 centimètres fera l'affaire.
- De la ficelle. Un lacet de chaussure, de la corde de parachute. Une lanière de cuir. On peut fabriquer une corde rudimentaire avec du yucca, du coton sauvage ou toute autre plante ligneuse et résistante.
- Une poignée. Un morceau de corne, de bois dur, une pierre ou un coquillage qui épouse la paume de la main et que l'on peut poser sur un bâton.
- Un lubrifiant. Cérumen, gras de la peau, bouchon d'herbe grasse, baume pour lèvres ou n'importe quel corps gras.
- Un axe. Un bâton droit et sec, de 2 à 2,5 centimètres de diamètre et de 30 à 45 centimètres de long. Arrondissez une extrémité et épointez l'autre.
- Une planche. Choisissez un autre morceau de bois dans lequel vous taillerez une planche de 2 à 2,5 centimètres d'épaisseur, de 5 à 7,5 centimètres de large et de 25 à 30 centimètres de long. Creusez une petite cuvette au centre de la planche à environ 1,25 centi-

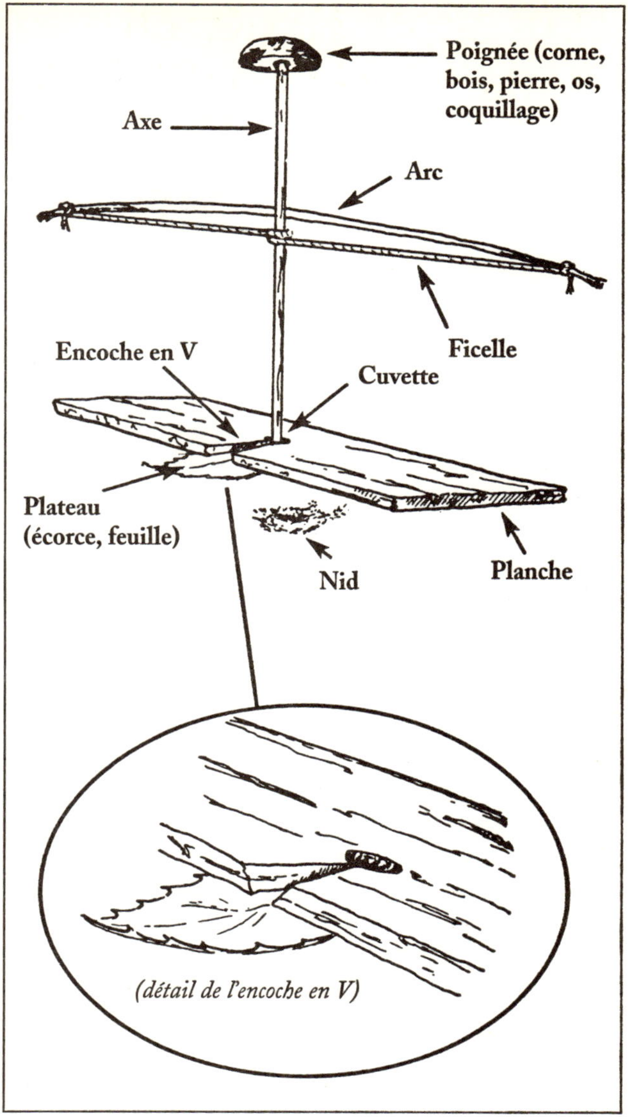
Poignée (corne, bois, pierre, os, coquillage)
Axe
Arc
Ficelle
Encoche en V
Cuvette
Plateau (écorce, feuille)
Nid
Planche
(détail de l'encoche en V)

mètre du bord. Taillez ensuite une encoche en V au bord de cette petite cuvette.

- Un plateau. Un morceau d'écorce ou une feuille, placés sous l'encoche en V, pour recueillir la braise.
- Un nid. Façonnez une sorte de nid d'oiseau avec de l'écorce sèche, de l'herbe, des feuilles, du duvet de fléole des prés ou tout autre matériau combustible.

COMMENT FAIRE DÉMARRER LE FEU

1 **Attachez solidement la ficelle à chaque extrémité de l'arc.**

2 **Prenez appui sur votre genou droit en maintenant fermement la planche au sol avec la plante du pied gauche.**

3 **Prenez l'arc.**

4 **Faites une boucle avec la ficelle au centre de votre arc.**

5 **Glissez l'axe dans la boucle ainsi formée de façon que l'axe se trouve à l'extérieur de l'arc, la pointe en haut.** La corde de l'arc doit être tendue – si ce n'est pas le cas, resserrez la boucle en faisant quelques tours supplémentaires autour de l'axe.

6 **Prenez la poignée dans la main gauche, l'encoche vers le bas. Graissez l'encoche.**

7 **Placez le bout arrondi de l'axe dans l'encoche de la planche et le bout pointu dans la poignée.**

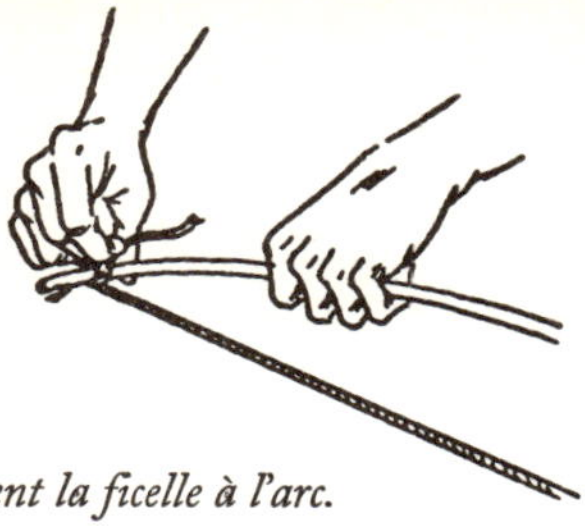

Attachez solidement la ficelle à l'arc.

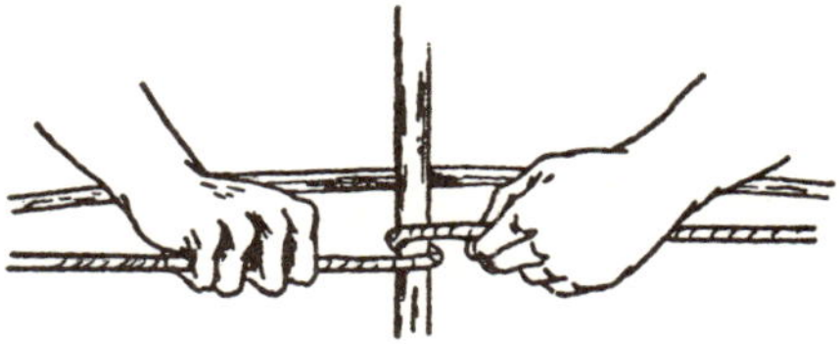

Faites une boucle au centre et glissez-y l'axe.

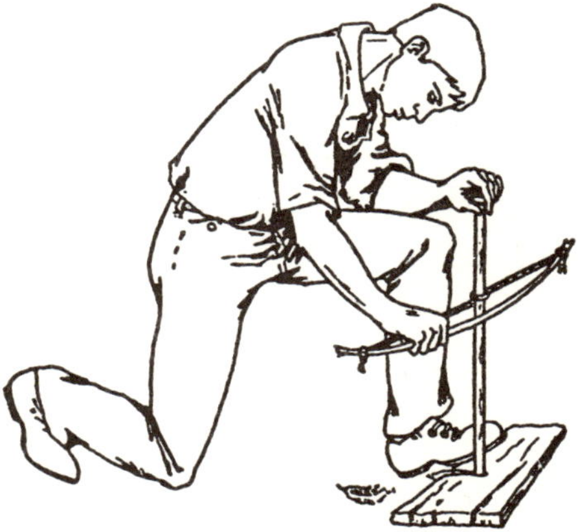

Poussez légèrement sur la poignée. Tirez l'arc d'avant en arrière en faisant tourner l'axe. Appuyez davantage sur la poignée et accélérez le mouvement imprimé à l'arc jusqu'à ce qu'une étincelle se produise.

8 **Appuyez légèrement sur la poignée et imprimez à l'arc des mouvements d'avant en arrière, tout en faisant tourner lentement l'axe.**

9 **Appuyez plus fortement sur la poignée et accélérez le mouvement de l'arc jusqu'à l'apparition de fumée et de cendres ardentes.**
Quand il y a beaucoup de fumée, cela signifie que vous avez obtenu des braises ardentes.

10 **Cessez immédiatement de bouger l'arc et tapez l'axe sur la planche afin de faire tomber la braise sur le plateau.**

11 **Ôtez le plateau et posez la braise dans votre « nid ».**

12 **Tenez-le bien et soufflez calmement sur la braise.**
Le nid finira par s'enflammer.

13 **Ajoutez des brindilles sur le nid. Quand elles s'enflamment, mettez progressivement de plus gros morceaux de bois.**

Recommandations

Mieux vaut ne pas dépendre d'un moyen aussi primitif de faire du feu pour survivre en milieu sauvage. Cette méthode peut se révéler très difficile selon les conditions climatiques (pluie, neige, froid).
Essayez la méthode à la maison avant de l'expérimenter dans la nature, afin de vous familiariser avec les difficultés de ce procédé.

COMMENT ÉVITER D'ÊTRE FRAPPÉ PAR LA FOUDRE

Aux États-Unis, excepté les inondations, la foudre cause davantage d'accidents que tout autre phénomène naturel. Aucun lieu n'est vraiment à l'abri de la foudre. Certains cependant sont plus particulièrement exposés.

1 **La force et la fréquence du tonnerre annoncent la foudre.**
S'il y a des éclairs et que le tonnerre gronde, vous êtes dans un endroit à risques. Des vents forts, de la pluie, des nuages bas annoncent la foudre. En général, les orages se déplacent d'ouest en est et se produisent en fin de journée ou tôt le matin, quand l'humidité est la plus forte.

2 **Lorsque vous voyez un éclair, comptez les secondes jusqu'à ce que le tonnerre éclate et divisez ce nombre par 5.**
Vous aurez une idée de la distance à laquelle se trouve l'orage. (La vitesse du son est de 343 mètres par seconde.)

3 **Si le laps de temps entre l'apparition de l'éclair et le grondement de tonnerre est inférieur à 30 secondes, il convient de chercher immédiatement un refuge.**
- Évitez les hauteurs, les champs, les crêtes au-dessus des bois. Si vous vous trouvez en rase campagne, ne vous couchez pas : agenouillez-vous, posez les mains à plat sur le sol et baissez la tête. Si vous faites de l'ascension, asseyez-vous sur un rocher ou sur un objet non

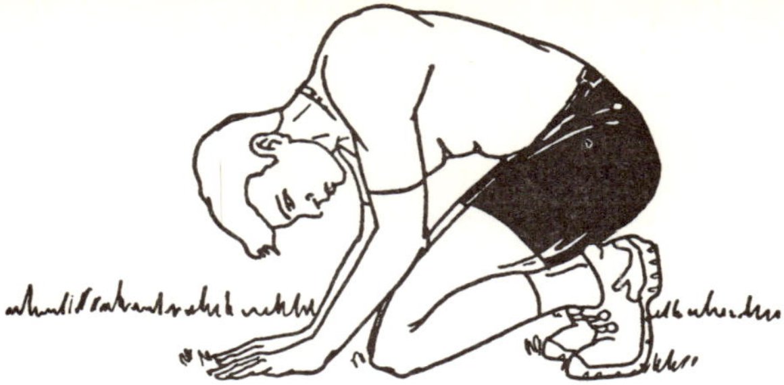

Si vous vous trouvez en rase campagne, ne vous couchez pas à terre. Agenouillez-vous, posez les mains à plat et baissez la tête.

Ne vous abritez JAMAIS sous un arbre.

métallique. Nouez une corde autour de votre cheville pour vous assurer et éviter de perdre l'équilibre si la foudre vous frappe.

- Tenez-vous à l'écart des arbres isolés, des belvédères, des abris pour pique-nique, ainsi que des dépressions dans le sol – vous pourriez servir de conducteur au courant pour franchir cette dépression.
- Évitez les buts de base-ball, les émetteurs et relais, les hampes de drapeaux, les lampadaires, les clôtures des pelouses de base-ball en métal ou en bois, les barrières en métal. Si vous campez, éloignez-vous de votre tente si elle est plantée sur un terrain dégagé ou sous un gros arbre.
- Évitez de vous trouver dans une voiture décapotable.
- Tenez-vous à l'écart des étendues d'eau : océans, lacs, piscines ou rivières.

4 **Laissez passer l'orage.**

Après le dernier coup de tonnerre, le risque de voir tomber la foudre est moindre, mais la menace peut persister pendant plus d'une demi-heure. Quand l'orage est dans la région, mais pas au-dessus de vous, le danger existe même s'il ne pleut pas, que le ciel est clair et qu'il y a du soleil.

Recommandations

- Les grands immeubles fermés sont plus sûrs que les habitations plus petites, de structure ouverte. Le risque dépend des normes de construction du bâtiment : protection contre la foudre, matériaux utilisés, dimension de la structure.
- Les véhicules fermés, comme les voitures, les camions, les bus ou les camionnettes – vitres remontées – sont

des abris sûrs contre la foudre. Évitez tout contact avec des surfaces métalliques à l'extérieur aussi bien qu'à l'intérieur du véhicule.
- À l'intérieur des habitations, évitez tout contact avec les matériaux conducteurs en relation avec l'extérieur, y compris la douche, l'évier, les fixations des sanitaires, les portes et encadrements de fenêtre en métal.
- Évitez de vous tenir près des ouvertures, de toucher les fils électriques, tous les appareils électriques, y compris le téléphone, les ordinateurs, les postes de télévision (surtout ceux qui sont équipés du câble).

QUELS SOINS DONNER À UNE PERSONNE FRAPPÉE PAR LA FOUDRE

1 **Appelez les pompiers pour signaler où la foudre est tombée et dirigez-les.**

Une personne foudroyée peut être sauvée par une intervention médicale rapide. S'il y a plusieurs victimes, occupez-vous d'abord de celle qui est apparemment « morte ». Les personnes qui ont perdu connaissance mais respirent encore vont probablement récupérer d'elles-mêmes.

2 **Mettez-vous à l'abri pour éviter d'être frappé à votre tour.**

Il est rare que des personnes ayant survécu à la foudre souffrent de fractures entraînant une paralysie ou d'hémorragies suivies de complications – à moins d'avoir fait une chute ou d'avoir été projetées à une grande distance. N'hésitez pas à déplacer rapidement la victime si nécessaire. Une personne foudroyée n'est pas dangereuse et il faut la soigner.

3 **S'il fait froid et humide, isolez la victime du sol pour minimiser le risque d'hypothermie, qui peut compliquer le processus de réanimation.**
Regardez si la personne présente des brûlures, surtout aux endroits où elle porte des bijoux ou une montre.

4 **Si la victime ne respire pas, commencez le bouche-à-bouche.**
Soufflez toutes les 5 secondes. Si vous devez transporter la personne, soufflez brièvement à cinq reprises avant de la déplacer.

5 **Vérifiez le pouls de la victime.**
Tâtez sa carotide (sur le côté du cou) ou son artère fémorale (dans l'aine) pendant au moins 20 ou 30 secondes, pour voir si son pouls bat.

6 **Si vous ne sentez pas son pouls, commencez un massage cardiaque.**

7 **Si le pouls se remet à battre, continuez la ventilation assistée le plus longtemps possible dans ces conditions.**

8 **Si le pouls ne rebat pas au bout de 20 à 30 minutes, vous pouvez cesser vos efforts.**
Dans un lieu désertique, sans assistance médicale, prolonger une ventilation assistée de base est de peu de secours. Si la victime n'est pas revenue à elle dans les toutes premières minutes, elle n'a guère de chances de s'en sortir.

COMMENT REGAGNER LA SURFACE SI VOTRE RÉSERVE D'OXYGÈNE EST VIDE

1 **Ne vous affolez pas.**

2 **Signifiez aux autres plongeurs que vous avez un problème – désignez-leur votre bouteille ou votre détendeur.**

3 **Si un autre plongeur vient à votre secours, partagez son détendeur et nagez lentement avec lui jusqu'à la surface en vous le passant alternativement.**
Prenez deux inspirations, puis passez le détendeur à votre compagnon. Nagez ensemble, en soufflant à chaque fois que vous montez. Prenez de nouveau deux inspirations, en alternant, jusqu'à la surface. Presque tous les plongeurs portent un détendeur de secours relié à leur propre bouteille.

4 **Si personne ne peut se porter à votre secours, gardez votre détendeur à la bouche ; l'air peut se répandre dans la bouteille à mesure que vous montez et vous donner quelques respirations supplémentaires.**

5 **Regardez vers le haut de façon que votre colonne d'air soit la plus droite possible.**

6 **Nagez à petite allure.**

161. *comment regagner la surface si votre réserve d'oxygène est vide*

Exhalez sans arrêt en montant. Il est très important d'exhaler sans interruption, mais le rythme auquel vous exhalez est également très important. Soufflez lentement – ne videz pas tout votre air résiduel dès les premières secondes. Tant que vous exhalez lentement, votre colonne d'air reste ouverte et l'air peut circuler dans vos poumons.

ATTENTION : si vous n'exhalez pas sans arrêt, vous risquez une rupture d'anévrisme.

Recommandations

- Ne plongez jamais seul.
- Surveillez attentivement votre manomètre et votre bathymètre.
- Assurez-vous que vos compagnons sont suffisamment proches pour pouvoir leur faire signe.
- En cas d'urgence, utilisez un seul détendeur pour deux. Il est plus prudent d'utiliser le détendeur d'un de vos compagnons plutôt que d'essayer de nager trop vite vers la surface. Surtout si vous êtes à une grande profondeur, d'où vous devez rejoindre la surface par paliers.
- À plus de 9 mètres de profondeur, utilisez toujours une autre arrivée d'air plutôt que de nager vers la surface.

LES EXPERTS

Avant-propos

Source : Mel Deweese, moniteur de stages de survie, a entraîné des personnels civils et militaires dans divers environnements. Il dirige le Colorado Survival Skills Tipi Camp.

Chapitre premier
S'en sortir ou y rentrer

Comment sortir des sables mouvants

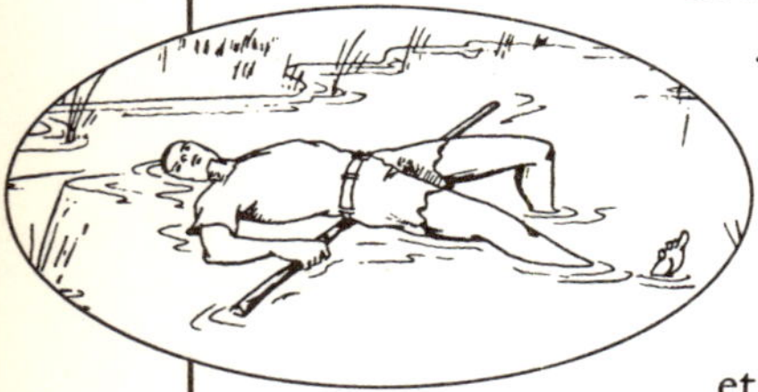

Sources : Karl S. Kruszelnicki, Julius Sumner Miller Fellow, professeur de physique à l'université de Sydney (Australie), auteur de plusieurs livres sur les phénomènes physiques et naturels.

Comment forcer une porte

Source : David M. Lowell, professeur diplômé de serrurerie.

Comment forcer une portière de voiture

Source : Bill Hargrove, serrurier diplômé, exerçant en Pennsylvanie, possédant dix ans d'expérience.

Comment faire démarrer une voiture sans clé de contact

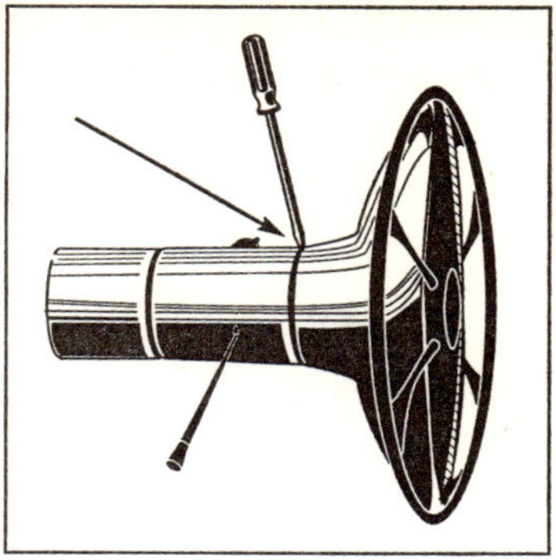

Source : Sam Toler, mécanicien auto diplômé, conducteur d'engins de démolition, membre de Internet Demolition Derby Association. Animateur de *Cartalk*, émission de la radio publique nationale qui donne des conseils de réparation en direct.

Comment effectuer un rapide demi-tour en voiture

Sources : Vinny Minchillo, de Internet Demolition Derby Association ; Tom et Peggy Simons.

Comment tamponner une voiture

Sources : Sam Toler (voir plus haut); Tom et Peggy Simons.

Comment s'échapper d'une voiture qui coule

Sources : laboratoire des méthodes de recherche de l'armée en régions froides, situé dans le New

Hampshire. *Danger, glace fragile !*, publication du département des ressources naturelles du Minnesota ; Tim Smalley, spécialiste de la navigation et de la sécurité dans ce même département.

Que faire devant une ligne à haute tension tombée à terre

Source : Larry Holt, premier consultant pour Elcon Elevator Controls and Consulting in Prospect, Connecticut.

CHAPITRE 2
LA MEILLEURE DÉFENSE

Comment survivre à une morsure de serpent venimeux

Sources : John Henkel, qui écrit pour la Food and Drug Administration et collabore au magazine de défense du consommateur *FDA Consumer* ; Al Zulich, directeur d'un centre d'élevage pour les reptiles, « Bel Air », Harford, Maryland ; Mike Wilbanks, fondateur du site Internet constrictors.com.

Comment se débarrasser d'un requin

Sources : George H. Burgess, conservateur des archives concernant les attaques de requins au muséum d'Histoire naturelle de l'université de Floride ; Craig Ferreira, partenaire de l'Institut de recherche pour le requin blanc en Afrique du Sud, au Cap (organisation à but non lucratif qui se consacre à l'étude du requin blanc et à la préservation de son environnement).

Comment échapper à un ours

Sources : *Guide pour approcher les ours en toute sécurité dans la nature*, publication de la section « vie sauvage » du ministère canadien de l'Environnement, de la Nature et des Parcs ; Dr Lynn Rogers, biologiste à l'Institut de recherche sur la vie sauvage du Minnesota, et directrice du Centre de l'ours en Amérique du Nord, à Ely, Minnesota.

Comment échapper à un puma

Sources : Administration des parcs nationaux, Association pour la vie sauvage et les parcs du Texas ; Chris Kallio, guide de randonnée sur le site about. com ; Mary Taylor Gray, qui écrit pour *Le Peuplement sauvage du Colorado*, une revue publiée par le département qui s'occupe de la vie sauvage au Colorado.

Comment lutter contre un alligator

Sources : Lynn Kirkland, directrice de l'Alligator St. Augustine Farm ; Tim Williams, du Gatorland d'Orlando, qui a travaillé depuis près de trente ans avec des alligators et apprend aujourd'hui aux hommes à lutter contre les alligators.

Comment échapper aux abeilles tueuses

Source : Département du développement agricole du Texas.

Comment faire face à un taureau qui charge

Source : Coleman Cooney, directeur de l'École de tauromachie.

Comment gagner un combat à l'épée

Source : Dale Gibson, cascadeur, qui enseigne l'escrime aux acteurs de Hollywood et aux cascadeurs. Il a tourné pour les publicités des Marines et joué dans les combats à l'épée du *Masque de Zorro.*

Comment encaisser un coup de poing

Source : Cappy Kotz, entraîneur diplômé de boxe, instructeur, et auteur d'un ouvrage intitulé *La Boxe pour tous.*

Chapitre 3
Sauts dans l'inconnu

Comment plonger dans une rivière du haut d'un pont ou d'une falaise

Source : Chris Caso, cascadeur, membre de l'équipe de gymnastique de l'université de Los Angeles et de celle des États-Unis. Produit et réalise des sauts de grande hauteur pour de nombreux films, comme *Batman and Robin, Batman Forever, The Lost World* et *The Crow : City of Angels.*

Comment sauter du haut d'un immeuble dans un conteneur

Source : Chris Caso (voir plus haut).

Comment entrer dans un train en marche quand on se trouve sur le toit

Source : Kim Kahana, cascadeur et chef d'équipe, réalisateur. Il a joué dans plus de trois cents films, dont *Lethal Weapon 3, Passenger 57* et *Smokey and the Bandit.*

Comment sauter d'une voiture en marche

Sources : Dale Gibson (voir plus haut) ; Chris Caso (voir plus haut).

Comment sauter dans une voiture en marche depuis une moto

Source : Jim Winburn, directeur et coordinateur de l'équipe de cascadeurs pour deux parcs d'attractions : Batman et le Butch & Sundance Western Show.

Chapitre 4
Urgences

Comment faire une trachéotomie

Source : Dr Jeff Heit, docteur en médecine, chef de service dans un hôpital de la région de Philadelphie.

Comment utiliser un défibrillateur cardiaque

Sources : Dr Jeff Heit, docteur en médecine (voir plus haut) ; Tom Costello, chef de département chez Hewlett-Packard ; Heartstream, association américaine pour les problèmes cardiaques.

Comment détecter un colis piégé

Source : Brady Geril, vice-président de Matériel pour l'espionnage, une société filiale de CCS International Ltd de Londres. Spécialiste aussi bien des techniques que des matériels de survie, il a été officier supérieur et agent secret à la brigade des stupéfiants de la police new-yorkaise pendant dix ans.

Que faire si une dame accouche dans un taxi

Source : Dr Jim Nishimine, docteur en médecine, obstétricien et gynécologue à l'hôpital Alta Bates de Berkeley, Californie. Il met des bébés au monde depuis trente ans.

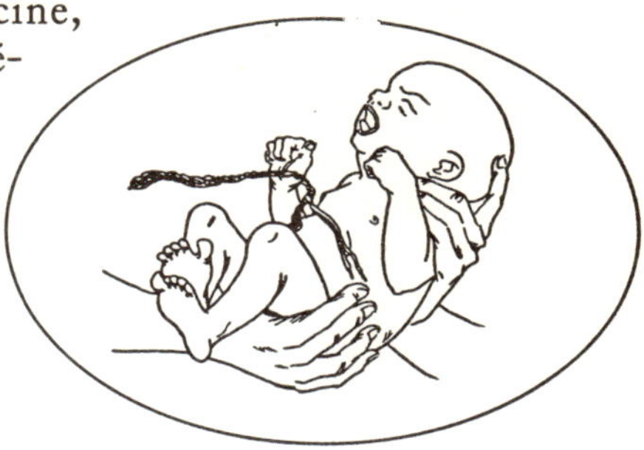

Comment soigner une gelure

Source : John Linder, directeur de la Wilderness Survival School, section de Denver du Club de montagne du Colorado. Il dirige un centre d'entraînement pour la survie en pays froid, une organisation qui enseigne les méthodes de survie en montagne aux secouristes et aux sociétés.

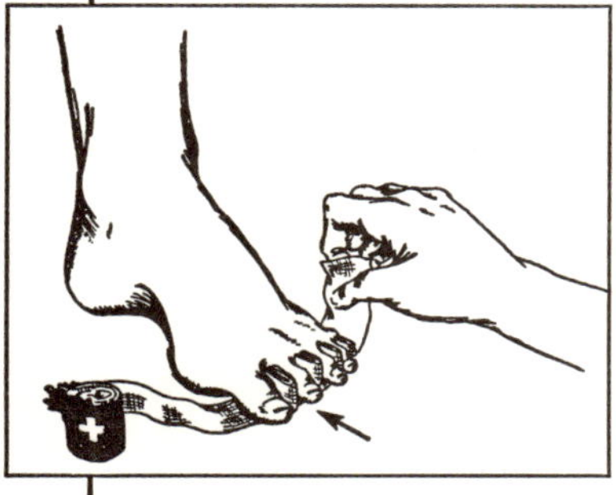

Comment soigner une fracture de la jambe
Source : Dr Randall Simms, docteur en médecine.

Comment soigner une blessure par balle ou arme blanche
Source : Charles D. Bortle.

CHAPITRE 5
EXPÉRIENCES DE SURVIE

Comment faire atterrir un avion
Sources : Arthur Marx, pilote ayant à son actif plus de vingt ans de vol, propriétaire de Flywright Aviation, qui propose ses services aussi bien pour le pilotage que pour le transport, à Martha's Vineyard ; Mick Wilson, auteur de *Comment s'écraser en avion... et survivre*, pilote et moniteur diplômé pour les appareils aussi bien mono que multimoteurs.

Comment survivre à un tremblement de terre
Sources : Observatoire géologique des USA ; Centre d'information national pour les séismes.

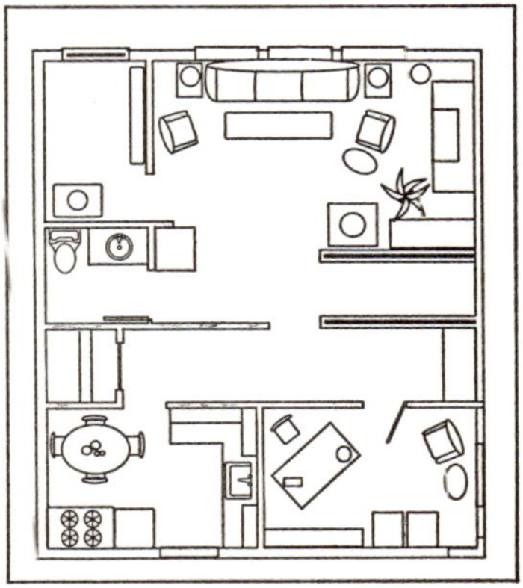

Comment survivre à un naufrage

Source : Greta Schanen, rédactrice en chef de *Sailing Magazine*. Elle possède une solide expérience à la fois de la course et de la navigation de plaisance en haute mer.

Comment survivre si vous êtes perdu dans le désert

Sources : Association des clubs d'utilisateurs de 4x4 de l'État d'Arizona ; le *Guide de survie dans le désert*, une publication de la ville de Phoenix, Arizona.

Que faire si votre parachute ne s'ouvre pas

Source : Joe Jennings, caméraman, filme des vols en chute libre, spécialiste de la coordination de sauts en chute libre. Il a conçu, réalisé et filmé des acrobaties aériennes pour de nombreuses publicités télévisées.

Comment survivre à une avalanche

Source : Jim Frankenfield, directeur du centre Cyberspace Snow and Avalanche, une organisation à but non lucratif, basée à Corvallis, dans l'Oregon, qui s'attache à la prévention du danger et à l'information en matière d'avalanche. Frankenfield, diplômé en géographie physique des avalanches et de la neige, dirige depuis dix ans des stages d'entraînement dans le Colorado, le Montana, l'Oregon et l'Utah.

Comment échapper à une ligne de tir

Source : Brady Geril (voir plus haut).

Comment survivre si vous êtes perdu en montagne

Source : John Linder, Club de montagne du Colorado, directeur de la Wilderness Survival School (voir plus haut).

Comment faire du feu sans allumettes

Source : Mel Deweese (voir « Avant-propos »)

Comment éviter d'être frappé par la foudre
Sources : John Linder (voir plus haut) ; section de la prévention contre la foudre de la Société météorologique américaine ; Service des prévisions météorologiques de Denver, Colorado.

Comment regagner la surface si votre réserve d'oxygène est vide
Source : Graham Dickson, de l'Association des moniteurs de plongée professionnels (PADI), moniteur de plongée diplômé.

LES AUTEURS

JOSHUA PIVEN, informaticien et journaliste indépendant, ancien rédacteur aux éditions Ziff-Davis Publishing. Poursuivi par des gangsters à moto maniant l'arme blanche, piégé dans les tunnels du métro, dévalisé et tabassé, il s'est vu dans l'obligation de forcer des portes, de crocheter des serrures, et son ordinateur est régulièrement bousillé. Ce guide est son premier livre. Il habite actuellement Philadelphie.

DAVID BORGENICHT, écrivain et journaliste, est l'auteur de plusieurs documents, notamment *The Little Book of Stupid Questions* (Hysteria, 1999) et *The Jewish Mother Goose* (Running Press, 2000). Il a sillonné le Pakistan à bord de véhicules blindés, s'est embarqué clandestinement dans un Amtrak, est entré par effraction dans plusieurs maisons (à chaque fois pour de bonnes raisons).
Il vit à Philadelphie avec sa femme – son meilleur scénario.

Impression réalisée par

BUSSIÈRE

GROUPE CPI

à Saint-Amand-Montrond (Cher)
en décembre 2005

N° d'impression : 054819/1.
Dépôt légal : mars 2001.
Suite du 1er tirage

Imprimé en France

06 62 74 31 75 [illegible]